CONGRÈS

INTERNATIONAL

D'ANTHROPOLOGIE ET D'ARCHÉOLOGIE

PRÉHISTORIQUES

IXe SESSION. — LISBONNE 1880

CONGRÈS

INTERNATIONAL

D'ANTHROPOLOGIE & D'ARCHÉOLOGIE

PRÉHISTORIQUES

RAPPORT SUR LA SESSION DE LISBONNE

PAR

M. EMILE CARTAILHAC

REPRÉSENTANT AU CONGRÈS LE MINISTÈRE DE L'INSTRUCTION PUBLIQUE
DIRECTEUR DU LABORATOIRE D'ANTHROPOLOGIE DE TOULOUSE

PARIS

EUGÈNE BOBAN

34 — RUE DU SOMMERARD — 34

1880

CONGRÈS

INTERNATIONAL

D'ANTHROPOLOGIE & D'ARCHÉOLOGIE
PRÉHISTORIQUES

IXᵉ SESSION. — LISBONNE 1880

Séance d'inauguration; Discours de M. J. d'Andrade Corvo, président, et de M. Carlos Ribeiro, secrétaire-général. — Elections.

La séance d'inauguration a eu lieu dans la magnifique salle de la bibliothèque de l'Académie royale des Sciences où le Congrès devait constamment se réunir. S. M. le roi de Portugal, don Luiz, protecteur de la session, et S. M. le roi D. Fernando II, son père, président d'honneur, avaient pris place sur un trône somptueux. Le nonce apostolique et les membres du corps diplomatique, tous les ministres et principaux fonctionnaires de l'Etat en grand costume, les membres du comité d'organisation et les savants nationaux et étrangers remplissaient l'enceinte réservée. Une foule élégante et parée, curieuse et sympathique, les entourait et encombrait la galerie supérieure de la bibliothèque.

Tous les abords étaient occupés par une garde d'honneur.

Un orchestre de choix a joué d'abord l'Hymne royal, puis des airs nationaux, et la « Marche triomphale de Camoens. »

M. João d'ANDRADE CORVO avait été président du comité d'organisation ; conformément aux Statuts, il devait présider le Congrès. Nous le connaissions très-peu, nous savions seulement qu'il avait été un des ministres les plus libéraux du Portugal, et qu'après avoir été pendant de longues années le chef du gouvernement de son pays, il s'était retiré sans avoir accru son modeste patrimoine. Cela suffisait et au-delà pour lui mériter notre estime respectueuse et sympathique. Pendant la durée du Congrès nous avons pu jouir de son commerce, et nous avons rencontré chez ce diplomate une rare franchise, un vaste savoir et surtout un caractère affable et bon autant qu'il est possible. Nous n'avons pas été surpris de le voir à la tête d'un des établissements scientifiques qui font le plus d'honneur au Portugal, l'École polytechnique. Son discours, à l'ouverture du Congrès, fut excellent. Il commença très-simplement par l'éloge de l'anthropologie, cette science née d'hier et qui par ses progrès est venue remplir une immense lacune. Il a montré que l'étude de l'homme et de son histoire devenait d'autant plus nécessaire que de grands naturalistes, de savants philosophes établissaient d'une manière incontestable la grande loi de l'évolution des espèces. Qu'il s'agissait, en définitive, de découvrir les lois d'évolution organique et morale de l'humanité !

Le cadre de l'histoire humaine une fois agrandi dans l'immensité du temps, il convient de soulever tout-à-fait le voile qui nous cache les origines. Quelques années ont suffi pour donner à l'existence de l'homme tertiaire une plausibilité qu'avait admis Paul Broca, auquel M. d'Andrade Corvo rend hommage en passant. L'orateur espère que cette question si grave et si intéressante trouvera une solution dans les faits que M. Carlos Ribeiro a pu observer en Portugal.

Puis il parle des amas de coquilles, rejets de cuisine, voisins du Tage et comparables à ceux qui ont été si bien étudiés au nord de l'Europe ; il termine en ces termes :

« Permettez-moi encore, messieurs, de faire appel à votre bienveillance en vous priant de prêter votre attention à des faits qui, à mon avis, méritent bien d'être pris en considération par la docte assemblée. Les faits dont je vous parle sont ceux qui peuvent nous renseigner sur l'existence au sein des peuplades qui occupèrent l'Europe aux âges préhistoriques de l'*animisme*, mot adopté par un savant qui, par ses recherches, a jeté une vive lumière sur la civilisation primitive.

» L'assertion « qu'il existe de grossières peuplades, n'ayant aucune
» religion, quoique possible en théorie, et peut-être vraie en fait,
» ne repose pas jusqu'à présent sur des preuves aussi palpables
» que nous aurions le droit de les demander, quand il s'agit d'une
» chose si extraordinaire, » affirme M. Edward Tylor, en accumulant des preuves de son assertion, qui me semblent suffisantes à effacer les doutes dans les esprits qui n'ont pas d'opinions préconçues à ce sujet.

» Il y a dans les conditions fondamentales de l'humanité, une conscience, une lueur religieuse, une puissance virtuelle, passez-moi le mot, qui fait d'incessants efforts pour pénétrer au-delà des sens. Voici la cause de l'animisme, qui se manifeste, à des degrés différents, dans le sauvage et dans l'homme civilisé.

» Le sentiment religieux, dans sa plus large acception, existait-il dans le monde préhistorique ? A quel âge et sous quelle forme s'est-il montré primitivement ? Quels sont les monuments, tombeaux, amulettes ou autres, qui peuvent mieux guider la science dans des recherches si difficiles et si importantes ? Voilà un sujet qui, j'ose le dire, mérite bien d'occuper l'étude des savants.

» L'homme se complète par l'action simultanée de toutes ses facultés, primitives et essentielles. Nous devons nécessairement trouver des vestiges de l'existence de ces facultés dans les œuvres grossières de l'homme préhistorique. Sans cela il ne serait, nous pouvons le dire, que l'ébauche de l'homme, moins que le sauvage des temps historiques.

» Parmi les monuments archéologiques rencontrés en Portugal, le Congrès, je l'espère, en trouvera plus d'un qui sous ce rapport l'intéressera.

» L'humanité est bien jeune encore, messieurs ; on peut dire que presque partout elle se trouve encore dans son enfance ; et cependant la nouvelle science est venue prouver que l'homme existe sur la terre probablement depuis des milliers de milliers de siècles.

Cette idée, faite pour nous effrayer, se trouve cependant d'accord avec les faits auxquels nous assistons nous-mêmes.

» L'homme, nous le savons bien, est encore loin d'être arrivé partout à l'état de civilisation, telle que nous la comprenons et voyons autour de nous. Plus de la moitié du monde est encore plongée dans les ténèbres ; et malgré les merveilleux progrès faits, et par la pensée et par le travail humain aux derniers siècles, on trouve même au cœur de la civilisation des peuples écrasés par l'ignorance, sans avoir la conscience ni de leurs droits ni de leurs devoirs privés, enfin, du sentiment moral qui seul doit soutenir les pas du véritable progrès.

» La nouvelle science de l'archéologie est venue nous prouver que le développement de l'homme s'est réalisé partout et dans tous les temps, au moyen d'une lente évolution. Seulement il s'est trouvé, et il se trouve maintenant encore, inégalement arriéré dans son développement moral, industriel et physique.

» Le devoir des peuples qui ont devancé les autres dans l'heureuse voie du progrès est de venir en aide de leurs lumières et de leurs efforts, à ceux qui se trouvent arrêtés aux premiers échelons de l'immense évolution qui est le glorieux partage de l'humanité.

» Tous les hommes sont frères, tous sont égaux devant les grandes lois de la nature. Malheureusement, de profonds abîmes s'ouvrent encore entre ceux qui ont eu le bonheur d'être les héritiers et les continuateurs des anciennes civilisations, et ceux qui sont privés de ce précieux héritage.

» Notre devoir à nous est de travailler incessamment à élever le niveau moral et intellectuel de tous les peuples.

» Vous êtes là, messieurs, pour aider à cette grande œuvre par vos lumières et votre expérience. Au nom du Portugal, je vous souhaite la bienvenue et je vous remercie, encore une fois, d'avoir choisi notre pays pour célébrer cette année votre neuvième session.

» Mesdames et messieurs, en daignant accepter le titre de Protecteurs du Congrès, et en honorant notre séance de leur auguste présence, S. M. le Roi D. Luiz, S. M. la Reine et S. M. le Roi D. Ferdinand nous montrent d'une manière éclatante l'intérêt qu'ils prennent aux travaux de cette assemblée. Permettez-moi, messieurs, d'avoir l'honneur de remercier respectueusement, au nom du Congrès d'Anthropologie, Leurs Majestés des preuves de gracieuse bienveillance qu'elles ont daigné nous accorder. »

M. Carlos Ribeiro, secrétaire-général, a pris ensuite la parole. On sait que ce colonel d'artillerie est le chef de cette section des travaux géologiques qui a produit tant de travaux distingués et qui devait nous faire la surprise de livrer à nos études deux vastes galeries, admirablement ordonnées, l'une consacrée à la géologie et à la paléontologie, l'autre à l'anthropologie. M. Carlos Ribeiro, avec lequel nous avions fait connaissance dans quelques-uns des précédents Congrès, s'était dévoué si complètement aux préparatifs de la IXe session, que sa santé usée au service de sa patrie et de la science, a trahi sa volonté après la victoire, et que nous avons eu le vif regret de le voir malade pendant une partie de notre séjour à Lisbonne.

Après avoir rappelé que c'est à Paris, en 1878, que la ville de Lisbonne fut invitée, dans l'intérêt de la science, à recevoir le Congrès, M. Carlos Ribeiro dit que c'est la première fois que le Portugal reçoit, avec reconnaissance, la visite d'un si nombreux groupe de savants venus de tous les points de l'Europe. Mais le plaisir de les voir réunis pour commencer d'importants travaux n'est pas complet : M. Ribeiro fait à son tour l'éloge du professeur Broca. Il parle, ensuite, comme cela était naturel, de l'existence de l'homme à l'époque miocène. Il décrit rapidement l'aspect du pays pendant cette période, signale les éclats de quartzites taillés rencontrés dans les couches qui se sont alors déposées, les ossements et les pierres taillées des alluvions et des cavernes quaternaires, les monticules de coquilles qui inaugurent l'âge néolithique, les dolmens si nombreux et si curieux en Portugal qui paraissent tous antérieurs à l'usage des métaux, les grottes sépulcrales, enfin, creusées par l'homme dans le terrain miocène de Palmella. Tels sont les principaux sujets soumis aux réflexions du Congrès ; à lui de trancher les questions douteuses, de résoudre les importants problèmes relatifs aux civilisations préhistoriques, à l'anthropologie, en un mot, et à toutes les sciences auxiliaires.

Après ces discours accueillis par d'unanimes et chaleureux applaudissements, M. Capellini, un des fondateurs du Congrès, président honoraire, propose à l'assemblée, qui accepte avec empressement et par acclamation, de ratifier la nomination de M. C. Ribeiro comme secrétaire-général et de M. A. C. Teixeira de Aragão comme trésorier ; il présente ensuite une liste de membres du Congrès pour remplir les fonctions de vice-présidents, de membres du conseil, de secrétaires. La nécessité où l'on est de représenter dans le bureau le plus grand nombre possible de nations, légitime cette liste de candidatures officielles à laquelle chacun reste libre d'apporter des modifications radicales ; à la suite de ces élections, le bureau se trouve ainsi composé :

PRÉSIDENT
M. João d'Andrade Corvo (Portugal).

PRÉSIDENTS HONORAIRES
MM. G. Capellini.
G. de Mortillet.   } Fondateurs.

VICE-PRÉSIDENT HONORAIRE
M. A. de Quatrefages, ancien vice-présid.

VICE-PRÉSIDENTS
MM. A. M. Barboza (Portugal).
B. du Bocage (Portugal).
Delgado (Portugal).
Evans (Grande-Bretagne).
Hildebrand (Suède).
Henri Martin (France).
Pigorini (Italie).
Römer (Hongrie).
Van Beneden (Belgique).
Vilanova Juan (Espagne).
Virchow (Allemagne).
Zawisha (Russie).

SECRÉTAIRE GÉNÉRAL
M. Carlos Ribeiro (Portugal).

SECRÉTAIRES
MM. Cazalis de Fondouce (France).
Chantre (France).
Gonçalves Vianna (Portugal).
G. Vasconcellos Abreu (Portugal).

SECRÉTAIRES ADJOINTS
MM. De Baye (France).
A. Coelho (Portugal).
Estacio da Veiga (Portugal).
Ramalho Ortigão (Portugal).

MEMBRES DU CONSEIL
MM. Antonovich (Russie).
Bellucci (Italie).
Cartailhac (France).
Chauffat (Suisse).
Cotteau (France).
Pitt Rivers (1) (Grande Bretagne).
Ploix (France).
Possidonio da Silva (Portugal).
Schaaffhausen (Allemagne).
Z. Consiglieri Pedroso (Portugal).

TRÉSORIER
M. A. C. Teixeira de Aragão (Portugal)

(1) On avait assuré au bureau permanent du Congrès que M. Pitt Rivers (Lane Fox) devait arriver ; il n'en fut rien, malheureusement.

Cette liste suffirait seule à montrer que le succès du Congrès était parfaitement assuré. Il y a eu plus de quatre cents inscriptions, et parmi les cent cinquante personnes qui ont suivi les travaux, il convient de citer encore quelques noms : *Angleterre* : M. Harrisson. — *Allemagne* : MM. Lissauer ; Langerhans. — *Belgique* : MM. Ceuleneer ; G. Washer. — *Russie* : M. Pawinski. — *France* : MM. Magitot ; Alglave ; Emile Guimet ; Oppert ; J. de Laurière ; Cotteau Edmond ; Pouchet ; Giard, etc.

On proclame ensuite les noms des délégués des Gouvernements ou des principales Sociétés. L'Espagne, la France, l'Italie, la Suède se sont fait officiellement représenter, ainsi que les sociétés anthropologiques, certaines académies et universités de l'Allemagne, de la France, de la Grande-Bretagne, de l'Italie, du Luxembourg et de la Russie.

La séance d'inauguration fut ainsi terminée.

Le Congrès n'a pas tenu moins de dix longues séances, deux commissions se sont occupées des silex taillés des couches tertiaires et de l'état des ossements humains dans les cavernes. Il y a eu trois excursions d'une journée et une longue excursion finale. Je crois qu'il vaut mieux grouper méthodiquement toutes les communications et lectures ; mais je parlerai d'abord des visites aux gisements tertiaires d'Otta, aux kjoekenmoeddings de Mugem, aux cavernes de Cascaes, aux Citanias de la province du Minho, et enfin des collections que nous avons eu la bonne fortune de pouvoir étudier.

LES EXCURSIONS.

Les terrains et silex taillés tertiaires à Otta et Azambuja. — Les Kjokenmoeddings de Mugem et du Cabeço d'Arruda. — Les cavernes de Cascaes et la montagne de Cintra. — Braga, la Citania de Briteiros, Porto, Coïmbre.

Otta et Azambuja. — Les terrains qu'il s'agissait d'explorer sont situés en amont de Lisbonne et sur la même rive du Tage. Un train spécial en moins d'une heure nous fit franchir les 40 kilomètres qui séparent la capitale de la station appelée Carregado. on avait réuni là de nombreuses voitures qui nous firent suivre pendant deux heures une route fort bien tenue et très-pittoresque ; mais aux deux tiers du chemin l'aspect changea : des mules nous attendaient et renforcèrent nos équipages ; et, non sans peine, presque à travers champ, nous avons gagné la *charneca* (le désert) d'Otta. On mit bien vite pied à terre avec un empressement d'autant plus vif que la plupart des excursionnistes espéraient avoir tous la bonne fortune de ramasser des silex taillés tertiaires. Le Congrès avait chargé une commission d'étudier tous les détails du gisement et de la question, et de faire un rapport après avoir en outre examiné les silex et quartzites réunis en collection à Lisbonne. MM. d'Andrade Corvo, Carlos Ribeiro, G. de Mortillet, Evans, Virchow, Vilanova, Chauffat, Cotteau, Cazalis de Fondouce et Cartailhac composaient ce comité. Il avait été décidé que si un membre du Congrès apercevait un silex taillé en place, il appellerait le plus possible de membres du comité pour constater les circonstances de la trouvaille. M. Bellucci découvrit un silex qui paraissait taillé ; en présence de MM. Vilanova, Cazalis de Fondouce et Cartailhac et d'autres membres du congrès, il fut constaté que le silex faisait bien corps avec le conglomérat. Le silex fut accepté comme taillé par M. Bellucci, qui a une grande collection préhistorique italienne et qui a manié énormément de silex, par M. Cazalis de Fondouce, par M. de Mortillet, et enfin par moi. On n'avait pas alors le temps de discuter, le soleil était fort élevé, pas un souffle n'agitait l'air brûlant et tout en cherchant des silex on avait aperçu la vaste tente où 120 couverts nous attendaient.

Cette charneca d'Otta est un vaste plateau, très-fortement raviné ; partout où la végétation, assez maigre d'ailleurs, laisse le sol à découvert, on marche sur un terrain qui passe par place du sable fin au poudingue à gros éléments. Les cailloux sont agglomérés par un grès ferrugineux ; ils sont presque tous très-fortement roulés ; mais on constate qu'à la surface de la terre les quartzites surtout se fendillent et se brisent suivant des cassures qui rappellent assez bien, d'ordinaire, la forme des épluchures de pomme. Mêlés aux cailloux bien roulés, on trouve des blocs de silex qui sont généralement plus gros ; ils atteignent parfois le diamètre de la main, ils ont des surfaces et des arêtes plus ou moins vives, et présentent des traces de brisure par le choc. Plusieurs de ces silex se cassent aussi naturellement, mais leurs fragments n'offrent jamais le *bulbe de percussion*. Ce caractère des silex taillés par la main de l'homme, accepté du moins comme tel jusqu'ici par l'unanimité des spécialistes, s'est rencontré sur un certain nombre de pièces recueillies tout-à-fait sur le sol, mais plus abondamment là où les galets sont nombreux. Certaines offrent une patine différente de celle des spécimens taillés ou non taillés que fournissent les couches : tel est le cas pour un grand râcloir, blanchi à la surface, que M. Léonce de Quatrefages a ramassé.

On n'avait point jugé à propos de pratiquer des tranchées, parce que, sur certains points, notamment sur les pentes même du Monte Redondo qui domine le plateau, les agents atmosphériques ont creusé des excavations profondes à bords verticaux, qui facilitaient suffisamment l'examen géologique du sol. Dans ces sillons, où peu de personnes d'ailleurs ont cherché, on n'a rien rencontré de particulier.

Après le lunch et les 38 toast qui ont cimenté l'union des portugais et de leurs hôtes, j'ai fait, avec un petit groupe de confrères, l'ascension du Monte Redondo qui domine un immense horizon ; de là nous avons aperçu, à une assez grande distance, des terrains blanchâtres semblables à une falaise et qui semblaient au-dessus du niveau des grès ferrugineux. C'était justement sur ce point que l'on devait nous conduire dans l'après-midi. Là, une fouille avait été préparée; la superposition n'était pas douteuse, en effet, et les fossiles, parmi lesquels l'*hipparion*, ne laissèrent pas le moindre doute dans l'esprit des rares personnes qui se demandaient encore si le grès de la charneca d'Otta n'était pas un puissant dépôt quaternaire. La question géologique était définitivement tranchée dans le sens indiqué par M. Carlos Ribeiro et les géologues portugais.

On reprit la route d'Otta et de Carregado, un peu fatigué par la poussière et une chaleur inaccoutumée : l'intérêt et les plaisirs de la journée firent oublier ces détails. Nous étions fort en retard ; heureusement, le train spécial avait pu nous attendre ; nous rentrions vers huit heures à Lisbonne.

Mugem et Cabeço d'Arruda. — La visite d'Otta et d'Azambuja avait été tout-à-fait austère, scientifique ; peut-être même eut-il été bon de ne pas engager tout le Congrès à la suivre. Le surlendemain, au contraire, il y eut des joies pour tout le monde, savants et amateurs ; notre train spécial est reçu à Santarem par les autorités locales qui nous souhaitent, avec enthousiasme, la bienvenue. La musique militaire joue l'hymne portugais. Au sortir de la gare nous trouvons toute la population revêtue de ses costumes nationaux infiniment variés, aux couleurs vives et d'un pittoresque achevé. Les jeunes propriétaires du voisinage, montés sur leurs superbes mules, tenant fièrement en main le long bâton aux bouts de cuivre ouvragé, font la haie sur notre passage. Les musiques se succèdent et prennent place dans notre cortége, tandis que de tous côtés s'élancent les fusées volantes ou *fuguetas* qui font retentir l'air de leurs crépitements. Nous traversons la ville de Santarem toute pavoisée, puis le grand pont qui est en construction sur le Tage et qui est déjà l'un des beaux ouvrages de l'Europe. Il touche à peine à la rive gauche ; un escalier à plusieurs étages, construit pour nous, permet de descendre ; là nous trouvons des voitures ; des cavaliers qui ont passé le fleuve à la nage nous escortent et leur nombre grossit à chaque pas, si bien qu'ils sont bientôt plus de 300 ; ils font autour de nous assaut de vitesse, d'agilité, de grâce, une véritable *fantasia* ; à tous les villages que l'on rencontre, Almeirim, Bemfica, Mugem, les municipalités et les habitants, groupés au pied des arcs de triomphe, nous accueillent de leur mieux.

Il était midi lorsque nous arrivions au monticule énorme de Mugem. Au sommet nous nous trouvons au bord d'une vaste et profonde excavation. On a laissé en place les divers squelettes humains rencontrés dans la fouille : l'apparition est saisissante ! et tandis que deux mille personnes, du sommet des tranchées, regardent curieuses et étonnées, nous étudions la situation relative de ces squelettes, la composition du tumulus entièrement formé de débris de coquilles comestibles, de galets entiers et brisés apportés par l'homme et associés à des charbons, à de rares ossements et silex ; et les discussions vont leur train !

Mais l'heure passe ; il faut faire honneur au lunch servi sous la même tente qui nous abritait à Otta ; il semble qu'une baguette de fée ait tout ordonné !

Tandis que la majeure partie des excursionnistes jouit d'une fraîcheur très-relative sous les grands arbres qui couvrent les flancs de la colline artificielle, nous nous rendons, en suivant la chaussée qui traverse les marais, au tumulus voisin, au Cabeço d'Arruda. Là nous trouvons de plus nombreux squelettes humains ; ils sont à des hauteurs variées, il devient positif pour tous qu'ils sont contemporains des mangeurs de coquilles. Le système de formation du monticule nous apparaît clairement ; les os, les silex sont très-nombreux et nous pouvons faire ample provision de souvenirs.

Plusieurs kilomètres de marche pénible à travers les sables brûlants nous séparaient de la route où nous retrouvons les voitures ; nous parcourons le chemin suivi le matin, enchantés de cette journée, une des plus belles, assurément, qu'aient vues les Congrès internationaux !

Cascaes et Cintra. — Au sud et à 20 kilomètres de Lisbonne, au-delà de l'embouchure du Tage, en face de l'Atlantique, se trouve la petite ville de Cascaes, où la Reine se plaît à séjourner une partie de l'année. On s'y rend par terre et par eau. C'est cette dernière voie que l'on avait choisie. Un vaisseau de l'Etat, l'*Africa*, nous prit à son bord et nous fit défiler devant le magnifique panorama de la rive droite du Tage. En approchant de la rade de Cascaes, nous eûmes la douce surprise d'être salués par les canons de l'escadre française, qui venait de passer quatre jours à Lisbonne et s'était arrêtée là pour prendre part à la fête de l'anniversaire de la naissance du prince royal. L'*Africa*, couverte de pavillons, passa noblement devant nos cuirassés. La fumée de la poudre montait lentement vers le ciel, l'écho des montagnes de Cintra répercutait longtemps les détonations, et tandis que la musique du vaisseau portugais jouait la *Marseillaise*, on entendait l'hymne royal à bord de la flotte républicaine.

Il ne faut pas s'étonner si l'on fut un peu en retard pour la visite des grottes qui avaient livré à M. C. Ribeiro de nombreux ossements humains et une quantité de superbes objets de l'âge de la pierre polie. Il fallut revenir à bord pour déjeuner, débarquer de nouveau pour aller à Cintra. Je voudrais ne pas écrire ces impressions dans une revue scientifique pour pouvoir parler, sans trop abréger, de ces jardins féeriques où l'on ne sait pas ce qui revient à l'art le plus habile, à la nature la plus féconde, où la flore la plus riche et la plus brillante s'étale au milieu des blocs de granit les plus pittoresques du monde ; je n'oserais raconter ici que les savants anthropologistes sont arrivés, montés sur des ânes de mignonne taille, au château du roi D. Fernando, construction très-bizarre, très-originale, très-haut perchée, où nous avons été reçus avec la meilleure grâce qu'il soit possible. Que de temps il nous aurait fallu pour étudier et apprécier tous les trésors artistiques accumulés dans ce palais par un Roi qui a bien abdiqué le pouvoir de changer les ministres lorsque la nation le désire, mais qui a la prétention de régner encore par son goût supérieur pour les arts et les choses de l'intelligence.

Vers sept heures nous étions redescendus au pied de la montagne à Cintra. La salle où le repas du soir nous attendait était toute tapissée de fleurs, de verdure, de drapeaux. Les autorités locales, la noblesse avaient tenu à nous faire honneur, et comme le temps pressait ces messieurs eux-mêmes avaient mis la main à l'œuvre. Aussi, cette décoration était-elle fort originale et fort belle. Nous étions vivement touchés de ces témoignages qui étaient pour nous comme un éloquent hommage rendu à la science elle-même.

Vit-on jamais des jours mieux remplis ; il était neuf heures, et à Cascaes le bal offert par Leurs Majestés nous attendait. Ce ne fut pas une des scènes les moins originales de notre vie que la transformation de notre équipement ; on fit toilette dans une salle commune et les vestes d'excursion prirent, dans nos sacs, la place des habits noirs. Deux heures après nous faisions notre entrée dans les salons du palais. Des fenêtres on voyait tous les vaisseaux illuminés et toute la rade était sillonnée par les cônes étincelants de la lumière électrique. Vers le matin nous avions regagné l'*Africa*; le le sommeil vint vite, comme on le pense bien, abréger le retour à Lisbonne. Il faut dire, à leur louange, que la plupart d'entre nous se retrouvaient quelques instants après à la séance du matin qui s'ouvrit presqu'à l'heure ordinaire.

Braga, Citania de Briteiros, Porto, Coïmbre. — C'est encore un train spécial, que nous devions à la double gracieuseté de M. le Ministre des travaux publics et de la Compagnie des chemins de fer du Nord, qui nous permit d'arriver à Braga un peu avant la nuit. Nous eûmes le temps d'entrevoir cette ville religieuse qui a conservé avec ses traditions ses vieilles et curieuses maisons. Un historien notable, M. Pereira Caldas, avait bien voulu s'occuper de tous les détails de notre séjour ; pendant le repas, la musique du 8e régiment d'infanterie se fit entendre ; puis il y eut concert sur la promenade.

Le lendemain matin nous partions en voiture et nous jouissions pendant deux heures d'une vue très-étendue sur un pays magnifique, sur des vallées larges, profondes, verdoyantes, semées de fermes et de hameaux séparées par des montagnes boisées ou sauvages, et toujours pittoresques ; à mesure que nous approchions du but de notre voyage, les populations prévenues nous saluaient au passage, les autorités par des discours et le peuple par ses retentissantes *fuguetas*. A Briteiros, où nous avons mis pied à terre, ce fut bien autre chose : il fallut traverser des groupes de jolies jeunes filles en costume de fête, ornées de leurs énormes et innombrables bijoux en or, pendants d'oreille (arrecadas), colliers, et cœurs (cordões). A l'envi, elles nous jetaient des fleurs, et sous cette pluie multicolore et parfumée nous commençons l'ascension de la colline que couronne la Citania.

Dans cette province du Minho on donne le nom de Citania aux ruines qui n'ont pas un caractère romain défini. Il y en a quatre bien certaines, mais des renseignements encore peu précis permettent de croire qu'il en existe un grand nombre. Un savant heureusement possesseur d'une grande fortune s'est dévoué à l'étude de ces monuments. Il a exploré d'abord la Citania de Briteiros que nous allons voir, puis celle de Sabroso qui s'aperçoit sur une montagne éloignée. On assure que les fouilles lui ont déjà coûté cent mille francs. Le fait est que les déblaiements que nous avons vus sont immenses. Toute une ville a été ainsi mise en relief. On suit les rues; on voit les constructions rondes ou carrées; on peut juger du type original de l'appareil; çà et là sont des blocs pyramidaux, des dalles avec des dessins encore incompris; nous nous sommes arrêtés longtemps autour d'une pierre énorme dont une face, toute sculptée, fait songer à une table de sacrifices, au fronton d'un temple.....

M. F. Sarminto avait pris soin de porter là tous les trésors que les Citanias lui ont déjà livrés, et ils étaient si nombreux, si instructifs, que même pendant le lunch offert par l'heureux explorateur nous n'avons pas cessé d'étudier ces bronzes, ces fers, ces poteries, ces verres, ces médailles, ces stèles inscrites et sculptées... Il y avait là de quoi alimenter la discussion de plusieurs congrès. Ce qui est certain, c'est que Briteiros est plus récent que Sabroso d'où l'influence romaine est *tout-à-fait absente*. On retrouve en masse les *fusaioles* des palafittes des Alpes, des terramares italiennes, d'Hyssarlick dans les deux stations; mais à Sabroso elles n'ont jamais d'inscription. La plus ancienne des Citanias présente un certain nombre de menus objets qui rappellent un peu notre premier âge du fer; les armes et outils de l'âge du bronze ne s'y rencontrent pas.

Lorsque plusieurs membres du Congrès s'avisèrent d'attribuer ces antiquités à telle ou telle population historique, ils furent naturellement en désaccord absolu; plusieurs en quelques instants changèrent souvent d'opinion. Il me paraît nécessaire d'étudier ces traces d'un passé oublié sans s'occuper de ce que peuvent dire les traditions. Lorsque les fouilles se seront multipliées dans tout le pays, lorsqu'on aura classé avec la méthode des archéologues du Nord et des naturalistes toutes les découvertes, il sera permis de voir si au travers les brouillards de l'histoire on aperçoit un coin de ciel bleu, quelque nom de peuple, un lambeau de vérité. C'est ce que je souhaite, sans trop d'espoir.

Il fallut s'arracher aux Citanias, féliciter et remercier une dernière fois M. Sarmiuto, et partir vivement. A la gare de Braga, les autorités, des professeurs du Lycée, le colonel et tous les officiers du 8º régiment étaient venus nous dire adieu. Nous avons eu alors l'honneur d'être présentés à Mme Maria Amalia Vaz de Carvailho Crespo, le poëte le plus renommé du Portugal.

A Porto nous sommes accueillis par trop de personnes pour que j'en puisse seulement nommer une seule! On nous prend, on nous emporte, on nous loge à merveille, et nous nous retrouvons tout stupéfaits au banquet offert par la Société d'instruction populaire. Le soir, réception au Palais de Cristal; le lendemain, visite de la ville et d'un petit musée où je trouve des haches en bronze à double anneau, et des objets rares venus des peuplades sauvages du sud africain.

Le jour suivant est consacré à la vieille et célèbre université de Coïmbre. Malgré les vacances, MM. les professeurs Julio A. Henriques et Albino Giraldes sont venus se mettre à notre disposition et nous montrer tout ce qui pouvait nous intéresser. Là aussi nous avons vu des collections précieuses soit de l'Institut scientifique, soit de l'Université.

A partir de ce moment, les membres du Congrès se sont de plus en plus égrenés et dispersés; ils ont fait avec les portugais ce pacte d'amitié qui à lui seul justifie les congrès et les dépenses dont ils sont l'objet. Huit jours de discussions et de lectures ne font pas immédiatement avancer la science. Mais l'on garde le souvenir de ce que l'on a entendu et surtout de ce que l'on a vu. Les nationaux sont encouragés et redoublent de zèle, les étrangers emportent des termes de comparaison, des éléments nouveaux d'information, et les uns et les autres travaillent désormais de concert pour le plus grand profit de tous.

LES COLLECTIONS DE LISBONNE.

Section géologique. — Musée de l'Algarve. — Musée colonial. — Ecole polytechnique. — Musée des Carmes.

Section géologique. — Je ne veux pas parler ici longuement des collections de Lisbonne, car j'ai l'intention de leur consacrer un travail spécial. J'ai déjà signalé la galerie de paléontologie quaternaire et d'anthropologie de la section géologique. Elle est vaste, bien éclairée et fort bien disposée. On y trouve les silex et quartzites taillés recueillis dans les couches tertiaires, la faune et la flore contemporaines, les ossements quaternaires de quelques alluvions et surtout des cavernes (Monte Junte, Furninha, Casa da Moura, Serra dos Molianos, etc). Nous n'avons vu là rien qui corresponde aux débris de cuisine quaternaires si caractéristiques des grottes et abris sous roches de la France, de l'Angleterre, de la Belgique et du centre de l'Europe. Toutefois, nous avons noté dans la grotte de Furninha (couche inférieure), une petite lame de silex et une pointe du type de Saint-Acheul en silex. Une pièce semblable en quartz et incontestablement quaternaire vient de la surface du sol, de Leiria.

Le produit des fouilles dans les kjoekenmoeddings est très-considérable. L'industrie qu'elles ont révélée est visiblement plus primitive que celle des autres gisements néolithiques. Il convient de ne pas oublier qu'il s'agit ici d'une *station,* tandis que dans les autres cas nous sommes en présence de sépultures. Cela suffit pour établir d'ordinaire une grande différence entre les deux mobiliers. Mais dans les amas de coquilles la poterie manque ; je ne crois pas qu'il y ait le chien domestique ; les silex sont de très-petite taille ; en dehors des menues lames généralement pointues, il ne se trouve qu'un type qu'on rencontre quelquefois dans les tombeaux, la pointe de flèche (?) tranchant transversal, plus large que haute ; les haches en pierre polie y font défaut.

De nombreux ossements humains accompagnent l'industrie. On y joindra les squelettes laissés en place dans les fouilles exécutées en vue de la visite du Congrès, et tout cela constituera une série plus que suffisante pour connaître ces populations qui enterraient leurs morts dans les rejets de leur cuisine et ne plaçaient aucun objet auprès d'eux.

Combien les habitudes étaient différentes chez les peuples qui choisissaient pour leur dernier asile les grottes naturelles, qui, à défaut de cavernes, creusaient des cryptes dans la terre, ou élevaient des *antas*, ces monuments mégalithiques du Portugal depuis longtemps remarqués. Auprès des restes humains que le temps, les agents atmosphériques, la nature même du sol ont différemment traités, abondent les haches, souvent plates, généralement au tranchant biseauté, assez bien polies, en roches du pays, et enfin de petite taille ; les pointes de flèches très-rarement à soie et à barbelures, plus souvent en forme de cœur, de triangle, ovales ou losangées, quelquefois dentelées sur les bords avec une étonnante habileté.

Cet art achevé se retrouve dans quelques grandes et très-larges pointes triangulaires d'un type *nouveau* (surtout à Casa da Moura).

Ces armes sont accompagnées de longues lames d'un excellent silex, plusieurs sont retaillées aux extrémités et sur les bords et d'un usage assez indéterminé.

Parmi les pendeloques les plus variées en pierre, en os, en test de coquille, il convient de signaler les plus originales. Ce sont de grandes plaques en ardoise ornées sur une face de dessins au trait, chevrons et dents de loup... (Voir *Matériaux*, 1878, pl. VIII.)

Il y a un grand nombre d'objets énigmatiques, par exemple, des cylindres en calcaire blanc et tendre non perforés ; des crosses en ardoise ornée comme les plaques ; deux sur trois sont percées de trous qui semblent destinés à la suspension.

Deux pièces du plus grand intérêt sont de mignonnes imitations de hachettes emmanchées, elles sont en calcaire tendre ; la hache, le manche coudé, les liens sont indiqués distinctement.

Il semble que les grottes artificielles soient un peu plus récentes que les autres. Ce sont elles surtout qui ont livré des pointes (de trait?) en bronze (?). C'est chez elles aussi que l'on a rencontré la plus grande quantité de perles en turquoise (callaïs ?) et les plus belles poteries. Ces vases, tout en étant de pâte assez grossière, sont couverts de lignes au trait et au pointillé, d'entrelacs, de zigzags, de chevrons, de dents de loup striées ; leurs rebords même sont ornés d'une façon très-originale. Cette ornementation se retrouve un peu partout, mais elle s'épanouit dans les grottes sépulcrales artificielles de Palmella.

Toutes ces collections, arrangées avec un goût parfait, sont le résultat des fouilles exécutées sous la direction de MM. Carlos Ribeiro et F. N. Delgado ; je les décrirai minutieusement dans un prochain travail.

Musée de l'Algarve. — Les savants portugais ont travaillé un peu trop isolément ; nous avons passé une semaine à Lisbonne sans qu'on nous ait parlé des collections réunies au sud du Portugal par M. S. P. M. Estacia da Veiga ; ce savant, aussi instruit qu'aimable et beaucoup trop modeste, a publié une série d'ouvrages d'érudition historique ; nous ne sommes pas compétents pour les juger. Seulement nous pouvons le louer, sans réserves, au sujet du musée qu'il vient d'installer sous la Bibliothèque nationale et auquel il a donné le nom de la province qu'il a explorée. M. Estacia da Veiga est un archéologue classique ; il affectionne les monuments épigraphiques dont il a réuni une importante série, les antiquités romaines que lui ont livrées en abondance les nombreuses villas dont il a levé le plan à une grande échelle, dont il a sauvé les mosaïques ; mais il a eu le mérite de comprendre l'intérêt des vestiges plus anciens et de leur faire une part équitable dans ses recherches et dans son musée. En travaillant dans une région lointaine avec une méthode vraiment scientifique, il a rendu à nos études un service signalé.

Dans l'ouvrage que j'ai déjà annoncé, je donnerai de longs détails sur ses découvertes, sur les sépultures de l'âge de la pierre, *antas* et *mamoas*, c'est-à-dire chambres mégalithiques avec et sans galeries, sous tumulus ou nues, sur les tombeaux à incinération complète de l'âge du bronze, sur des cimetières où l'on rencontre, avec des perles en verre bleu semblables à celles de nos tumuli du premier âge du fer et de nos gaulois, des stèles avec inscriptions inexpliquées. M. E. da Veiga a eu l'heureuse préoccupation de conserver les ossements humains, et il est à désirer que M. d'Oliveira de Paula les examine bientôt et les compare à ceux des environs de Lisbonne qu'il a si bien étudiés dans les collections de la section géologique.

Le Musée colonial. — Dans ce musée, installé à l'Arsenal, et qui paraît un peu abandonné, il y a bien des choses curieuses et bon nombre qui regardent le préhistorique et l'ethnologie. Nous avons eu beaucoup à dessiner dans ces trophées où les armes de tous les continents sont rangées avec la préoccupation unique de satisfaire à la symétrie. Nous avons appris que ces collections appartiennent en grande partie à l'Académie royale des sciences. On nous a laissé deviner qu'elle possédait d'autres séries et nous avons voulu les examiner. Avons-nous été satisfaits ? L'Académie elle-même me pardonnera, si je dis carrément *non !* Comment ! l'Académie royale possède dans ses greniers des objets que l'on chercherait vainement en dehors des Musées spéciaux de Leyde, de Copenhague et de Londres ; des trésors ethnographiques que Paris, Berlin, Rome lui enlèveraient et payeraient bien cher ! et ces haches en pierre emmanchées de l'Afrique du Sud, de l'Océanie, de l'Amérique, ces masques de l'Amérique du Nord, ces mannequins du Brésil, ces souvenirs de toutes les colonies du Portugal gisent pêle-mêle dans la poussière ! Est-il vrai que ces précieuses reliques aient été utilisées pour l'ornementation de divers chars qui ont figuré dans les fêtes en l'honneur de Camoëns !

Les belles et bonnes salles ne manquent pas dans l'hôtel de l'Académie. Pas n'est besoin d'argent pour y installer toutes ces armes, ces outils, ces parures,.... avec méthode et simplicité. Lisbonne aura de suite une galerie ethnologique fort riche. Que si l'on objecte que tous ces objets ont perdu leurs étiquettes, nous répondrons qu'il sera très-facile de retrouver les provenances, en consultant les ouvrages des voyageurs, les albums, les ethnologistes.

Si la fusion de toutes les collections préhistoriques de Lisbonne est un rêve que pour ma part j'écarte comme impossible, rien n'est plus facile à l'Académie que de réunir à l'Arsenal ou chez elle ses trois tronçons de musée, et surtout de les classer ; de rendre ainsi un nouveau service à la science et à sa patrie.

L'Ecole Polytechnique. — Dans ce superbe établissement le Musée d'histoire naturelle, dirigé par un savant bien connu, M. Barbosa du Bocage, a une notoriété européenne. Mais c'est surtout dans la galerie créée, il y a plus de quarante ans, par un naturaliste éminent, M. Pereira da Costa, que nous avons trouvé les antiquités et les ossements humains. Auprès de ce vénérable géologue nous avons rencontré ce même excellent accueil, cette complaisance absolue qui, pendant notre séjour en Portugal, ont partout pressenti et rempli nos moindres désirs.

On trouve dans cette salle des pièces qui ont beaucoup d'analogie avec celles de la Section géologique : le produit des premières fouilles exécutées, il y a déjà longtemps, au sein des grottes de Cesareda ; d'énormes haches qui me semblent originaires de l'Algarve ; un lot de ces haches plates sans ailerons qui sont quelquefois en cuivre ; un poignard, un couteau, une scie en bronze et beaucoup d'autres pièces intéressantes.

Musée des Carmes. — La Société royale des archéologues et des architectes portugais, présidée par notre ancienne connaissance, M. Possidonio da Sylva, a installé ses collections dans les restes pittoresques d'une église gothique ruinée par le fameux tremblement de terre. Il y a là beaucoup de monuments de la renaissance et du moyen-âge, et quelques-uns de l'antiquité classique. Çà et là on trouve des vitrines intéressantes pour les préhistoriens, des haches en bronze à talon et à double anneau, ou en forme de coin, des haches en pierre qui sont surtout en fibrolithe.

COMMUNICATIONS ET LECTURES FAITES AU CONGRÈS.

Délibérations du Conseil. — Ouvrages offerts au Congrès. — M. Oswald Heer : Sur les plantes tertiaires du Portugal. — M le comte de Picailho : même sujet. — M. Carlos Ribeiro : L'homme tertiaire en Portugal. — Rapport de la Commission : discussion entre MM. de Mortillet Evans, Capellini, Vilanova, Cartailhac, Bellucci, de Quatrefages, Delgado, Virchow.

Je ne suivrai pas dans ce compte-rendu l'ordre indiqué par les procès-verbaux. J'analyserai d'abord tout ce qui s'est dit sur le Portugal, et je grouperai chronologiquement tous les travaux et les discussions. Mais avant cela, il convient de donner quelques renseignements généraux.

Le *Conseil* a pris des déterminations importantes ; en premier lieu, il a fait confirmer par l'Assemblée générale la modification suivante au règlement :

Article additionnel 3 : « Les fondateurs du Congrès, les anciens présidents et les vice-présidents honoraires nommés en vertu du deuxième article additionnel du Règlement général, constituent un *conseil permanent* chargé de maintenir la tradition du Congrès, de veiller à la bonne exécution du Règlement, de faire les études préparatoires relatives au siége des sessions futures et de faire face aux difficultés imprévues qui pourraient surgir dans l'intervalle de deux sessions. »

Le Conseil a décidé de proposer à l'Assemblée générale du prochain Congrès un 4e article additionnel : de même que l'article additionnel 2e décide que tout membre qui a été quatre fois nommé vice-président devient de droit vice-président honoraire, on propose maintenant d'admettre au conseil permanent les personnes nommées cinq fois secrétaires ; et si elles remplissent encore ces fonctions dans deux autres sessions, elles pourront réclamer le titre de vice-président honoraire.

Une proposition avait été présentée par dix membres de la Société d'anthropologie de Paris présents au Congrès : elle demandait au Conseil d'émettre un vœu en faveur de la création d'une Société portugaise d'anthropologie.

Le Conseil, d'un commun accord, n'a pas délibéré sur cette proposition.

Nous sommes partis en emportant l'assurance solennelle qu'une Société d'anthropologie serait créée en Portugal. Le Roi, qui en comprend tout l'intérêt, a spontanément promis de prendre l'initiative de son organisation. Le personnel est tout trouvé : ce sont les adhérents au Congrès et quelques personnes que des motifs particuliers et sans excuse désormais avaient tenues à l'écart du Congrès. On peut être certain que les savants officiels ou libres voudront travailler en commun, agrandir le champ des investigations, faire des prosélytes.

Les séances ont été successivement présidées par MM. Corvo, Capellini, Evans, de Mortillet, de Quatrefages, Virchow, Vilanova, Hildebrand, Zawisha, Delgado, Romer.

LL. MM. don Luiz et don Fernando, qui avaient assisté, comme je l'ai dit, à l'ouverture solennelle du Congrès, sont revenus pour entendre la discussion sur l'homme tertiaire.

Au commencement de chaque séance on a déposé de nombreux ouvrages imprimés que le Congrès a offerts à la bibliothèque de l'Académie des sciences ; les doubles doivent être remis à la Section géologique. A propos de ces hommages, il convient de rappeler un incident : M. R. Virchow ayant présenté le prospectus d'un grand ouvrage sur Ancon, par MM. W. Reiss et A. Stüdel, ajouta que c'était le compte-rendu des premières fouilles méthodiques et vraiment scientifiques exécutées dans l'empire des Incas. M. G. de Mortillet fit observer que deux personnes envoyées en mission par le ministère de l'instruction publique avaient fait, antérieurement aux faits signalés par le professeur allemand, des recherches systématiques, MM. Viener et Ber. M. Virchow a maintenu ses affirmations et a été fort sévère dans ses appréciations de l'ouvrage de M. Viener.

Plusieurs auteurs en offrant leurs livres ont donné un aperçu des sujets qu'ils avaient traités. Ainsi M. E. Chantre a montré tout l'intérêt de son dernier grand ouvrage : *Le premier âge du fer*, œuvre superbement illustrée, de longue haleine, et qui répond victorieusement, par des faits, aux critiques de son « *Age du bronze.* »

M. Emile GUIMET a exposé le plan qu'il poursuit, en présentant le splendide *Compte-rendu du Congrès des Orientalistes* dont il avait été président, et qui s'est particulièrement occupé des questions religieuses de l'antiquité et de l'extrême Orient, le 1er volume des *Annales* et le *Catalogue* « du musée Guimet, » les trois premiers volumes de la *Revue de l'histoire des religions* publiés à Paris sous les auspices du Musée Guimet, etc. Ces savantes publications, ce musée, une des parures de Lyon, ont pour but de mettre plus en lumière la science des religions, la partie la plus importante de l'ethnographie, et qui étudie la marche des idées dans l'humanité, leur origine, leur développement, leurs migrations, leurs transformations, etc.

M. le Dr OSWALD HEER : **Sur les plantes tertiaires du Portugal.** — Celles dont il a étudié les échantillons et qui ont été recueillies par M. Carlos Ribeiro sont de quatre localités différentes : 1° Azambuja ; 2° Quinta de Bacalhao ; 3° de Campo grande, et 4° de Portella ; en tout 36 espèces ; 25 se trouvent aussi dans les autres parties de l'Europe et on en rencontre 24 dans les dépôts miocènes supérieurs. Le Portugal a 22 espèces en commun avec la flore de la molasse supérieure de la Suisse et nous en rencontrons 18 à Œningen. 14 espèces se trouvent parmi les plantes des argiles bleues et brûlées du val d'Arno, qui sont de la fin du miocène, et 12 dans les gypses de Senegaglia. D'un autre côté, 16 espèces sont répandues dans les dépôts miocènes moyen et miocène inférieur et appartiennent au nombre assez considérable de plantes miocènes qui ont persisté jusqu'au commencement du pliocène ; plusieurs d'entre elles apparaissent dans cette formation.

En tout, le Portugal a 13 espèces en commun avec le pliocène de l'Italie et de la France, dont 11 appartiennent au val d'Arno (Montajone) ; une espèce cependant, *Alnus stenophylla* Sap., n'a été trouvée jusqu'à présent qu'à Vaquière, en France.

Il paraît singulier que le Portugal n'ait que 8 espèces en commun avec la France. La raison n'en est pas difficile à trouver. Les riches flores tertiaires de la France, que nous connaissons par les beaux ouvrages de M. le marquis de Saporta, appartiennent pour la plupart aux époques éocène, miocène inférieur et pliocène. La flore miocène supérieure (la flore d'Œningen) manque à la France ou bien n'y a pas été trouvée jusqu'à présent. La flore tertiaire du Portugal remplit la lacune entre le miocène moyen et le pliocène, et il n'y a pas à douter que toutes les espèces que le Portugal a en commun avec la molasse supérieure de la Suisse se trouveront aussi en France et en Espagne dans les étages supérieurs de l'époque miocène, et probablement elles y seront découvertes plus tard.

A cette époque, la mer s'étendait encore jusqu'au val d'Arno et couvrait le bassin du Pô; mais elle avait disparu de l'Europe centrale, et la France et l'Espagne formaient alors une partie du continent européen, sans doute recouvert de végétation : les plantes fossiles du Portugal nous indiquent les premières traces de cette flore.

Beaucoup de types tropicaux et subtropicaux avaient alors disparu de l'Europe, et il y avait moins d'arbres à feuillage toujours vert qu'à l'époque éocène et miocène inférieur, ce qui nous indique un abaissement graduel de la température. Cependant à l'époque miocène supérieure, même à l'époque de la formation d'Œningen, une riche végétation doit avoir recouvert tout le pays. Les lauriers, les camphriers, les chênes toujours verts, les figuiers, les podogoniums, les sapindacées, les palmiers et les plantes grimpantes toujours vertes répandues dans l'Europe centrale, donnaient au paysage un aspect subtropical. Tel était aussi le cas en Portugal et même à un plus haut degré encore par suite de sa situation australe. Bien des plantes y seront restées plus longtemps que dans l'Europe centrale. L'eucalyptus de Bacalhão en est la preuve. A l'époque où se formaient les dépôts d'Azambuja, de Bacalhão et de Campo grande, ces contrées doivent avoir eu un climat pareil à celui d'aujourd'hui et même probablement un peu plus doux.

M. le comte DE FICAILHO a lu ensuite un travail sur *le même sujet* et qui complétait admirablement celui de M. Heer. Il a voulu se rendre compte de la température qui régnait en Portugal à l'époque où se déposaient les argiles à plantes d'Azambuja et de Campo grande. Le climat devait être sensiblement plus doux que celui de l'Europe centrale (Œningen), car le Portugal renferme de nouvelles espèces, 9 sur 34, qui étaient peut-être des formes australes. *L'Eucalyptus eocenica*, que l'on trouve très-répandu en Europe dans les formations miocène inférieur et moyen, en a été chassé ensuite, mais il a persisté en Portugal. Il en est de même d'autres espèces. M. le comte de Ficailho insiste sur les rapports de la flore tertiaire du Portugal avec des types de l'Asie orientale. Des types du Japon à feuillage brillant toujours vert, devaient donner au Portugal un aspect spécial. Il paraît probable, en tenant compte de toutes les données d'un problème compliqué, que ces types se sont répandus sur l'Amérique et le *continent atlantique* et, mêlés à des formes américaines, ont pénétré en Europe par l'Ouest.

Le climat tertiaire était non-seulement plus chaud, mais plus uniforme. Il ne paraît pas possible d'admettre pour le Portugal l'écart de 7° avec le climat actuel moyen, comme cela est prouvé pour la Suisse.

Les causes secondaires invoquées pour expliquer l'ancienne chaleur et le refroidissement graduel ont dû se faire sentir en Portugal moins que dans d'autres contrées. Sa situation géographique ressemblait assez à l'actuelle. La mer baignait ses côtes, car, même en admettant l'existence de l'*Atlantide* et en supposant que ses prolongements méridionaux englobaient les archipels atlantiques, on sait qu'un grand bras de mer longeait les côtes du Portugal et du N.-O. de l'Espagne et mettait la mer australe en communication avec la baie de Biscaye. Un courant semblable au courant du golfe pouvait longer de très-près les côtes portugaises et élever la température hibernale. D'un autre côté, le voisinage d'un grand continent occupant en partie la place de l'Atlantique pouvait tendre à élever la moyenne estivale. Ces causes sont moins importantes que celles qui agissaient sur le reste de l'Europe. En résumé, l'aspect subtropical de la végétation permet de donner 20° comme moyenne de la température miocène supérieur en Portugal ; elle était donc supérieure de 5° à celle d'aujourd'hui.

M. CAPELLINI fit ressortir l'importance et le haut intérêt de ces deux communications qui fixaient l'âge des couches, dont le Congrès devait s'occuper au point de vue de l'existence de l'homme. Il ajouta quelques renseignements comparatifs d'après ses propres études en Italie.

M. Carlos Ribeiro : **L'Homme tertiaire en Portugal**. — L'auteur rappelle l'histoire de la question de l'homme quaternaire, la longue patience qui fut nécessaire pour faire admettre la vérité en dépit des embarras, des oppositions, des moqueries de toutes sortes. De tous les obstacles vainement accumulés, la science a triomphé et la vérité fut acceptée partout. Pendant ces travaux, les connaissances paléontologiques se développaient ; au-delà des glaces de l'époque quaternaire, on voyait de mieux en mieux l'épanouissement des flores et des faunes miocènes au sein d'un climat merveilleux. M. Carlos Ribeiro insiste sur les découvertes de Lartet à Sansan, de Fontan à Saint-Gaudens ; les deux grands singes fossiles révélaient tout un passé méconnu. Lartet, après avoir étudié les mammifères fossiles de la période miocène, ajoutait que l'espèce humaine devait être alors très-gênée dans son développement, mais qu'il ne fallait pas se hâter de conclure à sa non existence.

Puis sont venues les découvertes d'Aurillac (1870), et surtout de Saint-Prest et de Thenay.

Les recherches en Portugal datent de 18 ans, et c'est la seconde fois que M. Ribeiro saisit le Congrès de la question. Les ossements humains font défaut parmi les collections qu'il présente à l'appui de sa thèse. Les géologues, qui savent combien c'est un hasard de trouver des ossements quelconques dans les couches anciennes, n'en seront pas surpris ; mais en revanche, il y a les œuvres de l'homme. Les pierres offrent pour la plupart des marques de percussion, et leur forme affecte le type de pointe, de couteau, de grattoir, de haches, le tout fort grossier il est vrai.

Les mers de la période éocène n'ont jamais couvert les points où ces pièces ont été rencontrées ; à la période miocène, ils furent au contraire alternativement occupés par les mers ou de grands lacs.

Cette période fut témoin de perturbations locales : des émissions basaltiques brisèrent autour de Lisbonne les couches crétacées ; des intervalles de repos séparent ces catastrophes ; pendant leur durée, les eaux du lac étaient fréquentées par des mollusques d'eau douce étudiés par M. Tournouer.

Les perturbations volcaniques dominèrent enfin ; les couches de conglomérat, de grès et d'argile miocène se précipitèrent au fond du lac ; les individus qui taillaient les pierres s'établirent sur les bords de la partie du bassin formés par les coteaux de la chaîne qui passe à Alemquer ; c'est là, entre Corregado jusqu'à Cercal, que les silex taillés abondent.

Ils font partie intégrante des couches miocènes ;
Ils ont les arêtes généralement vives ;
Ils sont patinés et colorés par la roche encaissante.

La formation qui les renferme commence par des couches de calcaire blanc sablonneux (2 à 20 mètres). Au-dessus vient un puissant étage (50 à 100 mètres) arenacéo-argileux de couleur rougeâtre. Enfin, cette série est couronnée par un terrain fossilifère, sur lequel on reviendra plus loin.

Des failles ont entraîné la formation des vallées et finalement la dénudation énorme qui balaya la plus grande partie des sables pliocènes du flanc droit du Tage, une partie des couches miocènes, etc.

Les couches qui occupent la partie supérieure de la formation miocène, entre les villages d'Otta et d'Azambuja, consistent en étages de grès et d'argile qui par endroits passent à des marnes et calcaires dont la puissance n'excède pas 8 mètres. En bas ces dépôts présentent des empreintes de plantes, en haut des ossements.

Les plantes sont en partie celles dont MM. Heer et Ficailho ont parlé.

Les animaux sont les suivants :

Mastodonte, Antilope recticornis,
Sus provincialis, Hyœmoschus,
— chœroides, Hipparion gracile,
Listriodon, Etc.
Rhinoceros minutus.

C'est après avoir entendu ces explications préliminaires que le Congrès, mis ainsi au courant, visita le gisement.

Au retour de l'excursion à Otta, la Commission étudia les silex conservés à la section géologique, et à la suite de cet examen elle adopta des conclusions que voici, rédigées par M. Chauffat, rapporteur.

La Commission a trouvé que les différents points se rapportant à ce sujet peuvent être élucidés par quatre questions :

1° Y a-t-il des conchoïdes de percussion sur les silex présentés à la section et sur ceux qui ont été trouvés pendant l'excursion ?

La Commission déclara à l'unanimité qu'il existe des conchoïdes de percussion et que quelques pièces en présentent même plusieurs.

2° Le conchoïde de percussion prouve-t-il la taille intentionnelle ?

Avis différents que l'on peut résumer en ce que M. de Mortillet considère un seul conchoïde de percussion comme suffisant pour prouver la taille intentionnelle, tandis que M. Evans croit que plusieurs conchoïdes présentés par une même pièce ne donnent pas la certitude d'une cassure intentionnelle, mais seulement une grande probabilité.

3° Les silex taillés, trouvés à Otta, proviennent-ils de la surface ou de l'intérieur des couches ?

Avis divers : M. Cotteau les croit tous de la surface, en ce sens que ceux qui ont été recueillis à l'intérieur y auraient été introduits par suite de crevassements des couches.

M. Capellini croit, au contraire, que les pièces recueillies à la surface proviennent de l'intérieur des couches dont elles auraient été extraites par l'érosion.

MM. de Mortillet, Evans et Cartailhac en admettent de deux provenances, les uns tertiaires, les autres paléolithiques ou néolithiques ; il serait facile de les distinguer par leur forme et leur patine.

4° Quel est l'âge du gisement des silex d'Otta ?

Après une discussion de quelques instants, les membres de la

Commission se déclarèrent en parfait accord avec les faits observés par les géologues portugais.

Après la lecture de ce rapport, la discussion recommence :

M. G. de Mortillet : M. C. Ribeiro a présenté, en 1871, à l'Académie de Lisbonne, des silex et des quartzites taillés provenant des assises tertiaires de la vallée du Tage. L'année suivante il a soumis les mêmes silex à la réunion du Congrès international d'anthropologie et d'archéologie préhistoriques de Bruxelles. Ces silex n'obtinrent pas grand succès. L'abbé Bourgeois, lui-même, ne reconnut tout d'abord aucune trace de travail intentionnel. Pourtant un nouvel examen des divers échantillons lui fit remarquer un silex évidemment taillé ; malheureusement, ce silex n'avait pas été trouvé en place. Il suspendit donc son jugement. M. Franks seul déclara qu'à son avis plusieurs des silex des environs de Lisbonne, présentés par M. Ribeiro, étaient taillés intentionnellement.

Profitant de l'Exposition internationale de Paris, en 1878, M. Ribeiro exposa, dans la Galerie des sciences anthropologiques, une série de silex et de quartzites tertiaires. Les ayant tous examinés avec le plus grand soin, j'ai reconnu qu'il y en avait 22 portant des traces indubitables de travail (1). Tous les paléoethnologues auxquels mon collègue et ami Emile Cartailhac et moi avons montré ces échantillons, ont été du même avis. Le travail intentionnel de ces silex et quartzites est très-bien établi, non-seulement par leur tournure générale, caractère qui peut être trompeur, mais encore et surtout, ce qui est plus concluant, par des plans de frappe très-nets et par des conchoïdes de percussion très-développés. Ils sont même parfois doubles, en relief sur une face, en creux sur l'autre. Il ne saurait donc y avoir de doutes. Ces divers échantillons sont taillés à grands éclats, sans retouches. Plusieurs montrent encore sur les plats et même dans les conchoïdes de percussion en creux

---

(1) Les *Matériaux* ont publié dans le volume de 1879, planche VIII, p. 433, les dessins de plusieurs de ces silex.

des traces et fragments de grès, ce qui établit qu'ils proviennent bien des couches en place. Or ces couches de grès, intercalées avec des argiles et des calcaires, constituent dans la vallée du Tage une vaste formation qui, sur quelques points, atteint 400 mètres de puissance. Les couches sont souvent disloquées et soulevées, parfois presque jusqu'à la verticale. C'est bien là évidemment un terrain tertiaire. Telle est la détermination qu'en donne M. Ribeiro, directeur du relevé géologique de Portugal, par conséquent l'homme le plus compétent en cette matière.

Les membres du Congrès ont, du reste, pu constater par eux-mêmes de la manière la plus exacte et la plus positive, non-seulement la vérité de la découverte de M. Ribeiro, mais aussi la position géologique précise de certains silex travaillés. Ils se sont rendus à Otta, au milieu d'une formation d'eau douce très-puissante et très-étendue. C'est un grand bassin lacustre, sablo-argileux dans le centre, sablo-caillouteux sur les bords. L'être intelligent qui taillait le silex ne pouvait laisser des traces de son industrie que sur les rives du lac, aussi est-ce sur les bords du lac qui baignaient la base du Monte Redondo qu'ont eu lieu les recherches. Elles ont été couronnées de succès. M. Bellucci, l'habile chercheur de l'Ombrie, a découvert en place un silex incontestablement taillé. Avant de le détacher, il l'a montré à bon nombre de nos collègues. Ce silex tenait fortement à la roche. Il fallut employer le marteau pour l'extraire. Sa position datait bien de l'époque du dépôt. En effet, au lieu d'être à plat sur une surface qui aurait pu se calmater et se consolider plus tard, il était fixé à la partie inférieure de la lèvre supérieure d'une excavation d'érosion atmosphérique. Il est donc impossible de désirer une démonstration plus complète en ce qui touche la présence des silex dans le gisement.

Reste à déterminer l'âge de ce gisement ?

Les silex taillés demeuraient près du bord ; il n'en était pas de même des débris de végétaux et des corps d'animaux qui flottaient sur l'eau. Ils étaient poussés plus avant dans le lac et finissaient par se déposer au milieu du sable et du limon. Ce sont surtout les limons qui nous ont conservé ces divers fossiles. Eh bien, dans une couche limono-sableuse, à 3 kilomètres et demi au sud-est de Monte Redondo, couche appartenant, sans aucun doute, au lac dont nous nous occupons, nous avons pu voir, en place, des ossements et surtout des mâchoires d'hipparion, animal éminemment tertiaire. La flore des couches de ce grand lac, étudiée par M. O. Heer, et la faune par M. Albert Gaudry, montrent que ce lac appartient au tortonien ou miocène supérieur.

Grâce aux patientes et savantes recherches de M. Carlos Ribeiro, le Congrès a donc pu constater qu'à l'époque tortonienne existait dans le Portugal un être intelligent éclatant le silex tout comme un homme quaternaire.

M. J. Evans : Il y a probablement dans les couches tertiaires quelques éclats offrant des bulbes de percussion. Il y a aussi à la surface du sol des silex appartenant au paléolithique ou au néolithique, mais, dans tous les cas, postérieurs à l'âge des couches. Mais les silex de ce genre qui ont séjourné si longtemps à la surface du sol, pourquoi ne se seraient-ils pas colorés au contact du grès rouge, imprégnés par du sable et de l'argile? Si on les lavait, on verrait disparaître ces traces superficielles.

Quant à la provenance des silex qui sont là sous nos yeux, que peut-on penser? On nous a dit : voilà dix ans que l'on recueille de ces silex, mais on ne sait pas d'où ils viennent, de quel point précis, de quelle hauteur dans la couche !

En outre, ils n'ont pas de trace d'usure, d'utilisation. Ce sont, peut-être, des éclats, des rebuts de fabrication ; mais alors où sont les instruments. Je pense, enfin, que ces silex ne sont pas tous des bords du lac.

Quant au côté géologique, ce serait une impertinence que de venir contester les conclusions des géologues du pays. Mais la coupe que M. G. de Mortillet a tracée sur le tableau me paraît inexacte.

Sur place j'ai observé un grand plateau ; de la carrière où l'on a trouvé la faune, on pouvait juger de la hauteur relative des couches, on pouvait se demander comment une dénudation purement aérienne aurait pu produire une telle action, un tel résultat. Non, il faut faire intervenir les courants d'eau douce ou les courants marins ; et alors on peut très-bien trouver dans les couches superficielles des vestiges des époques où la dénudation du plateau s'est ainsi produite.

Combien de milliers de siècles se sont écoulés depuis ces temps ; — l'homme devait être assez différent de ce qu'il est aujourd'hui, M. Dawkins vient de l'établir. Si l'homme existait à l'époque tertiaire, il faut des preuves plus sérieuses qu'un bulbe de percussion.

M. Capellini : Je crois que les silex sont taillés ; si vous ne l'admettez pas, il vous faudra douter aussi de tous les silex de l'âge de la pierre. Je dis cela pour le petit saint Thomas qui vient de parler.

Mais d'où viennent ces silex ? Je regrette qu'on n'ait point pratiqué des tranchées ; mais j'ai vu en place le silex aperçu par M. Bellucci. C'est là un fait, il me suffit.

La question géologique n'est pas discutable ; la coupe était parfaitement nette ; les grès passent sous les couches fossilifères, la flore est certaine, la faune est certaine ; il n'est pas douteux pour moi que nous avons là le miocène supérieur (1).

M. Vilanova : M. Capellini a appelé M. Evans un petit Thomas ; moi je suis alors un grand Thomas ! Je dois dire que ma première impression était que les grès sont quaternaires. Nous avons dans la vallée du Guadalquivir et ailleurs en Espagne, des terrains de même aspect qui sont quaternaires. Mais je doute de ce que j'ai vu moi-même et ici je m'en rapporte aux géologues portugais.

Je déclare que pour moi tous les échantillons, depuis le premier jusqu'au dernier, étaient à la surface. Il aurait été nécessaire de pratiquer une coupe là où sont les couches fossilifères et d'arriver jusqu'au conglomérat.....

(*Plusieurs voix* : C'est ce qu'on a fait, la coupe existe !) .....
.....Et *là* il aurait fallu trouver des silex *en place*.

M. Cartailhac : Ce n'est pas chose commode que d'exprimer son opinion sur un ensemble de faits que M. Ribeiro et les géologues ses compatriotes ont étudié pendant des années ; nous avons entrevu, nous avons passé, et maintenant il faut conclure.

---

(1) M. Capellini parle ensuite de l'homme tertiaire en Italie ; on trouvera plus loin ses observations et d'autres qui se rattachent à ce sujet.

Pour ma part, je retiendrai seulement dans le débat les faits qui me paraissent acquis tout au moins dans les limites de nos connaissances actuelles. Je me suis rendu plusieurs fois dans des régions où abonde le silex en place, et plus ou moins fracturé. Je n'ai jamais trouvé dans ces circonstances un bulbe de percussion avec l'ensemble de ses caractères tel que M. de Mortillet vient encore de le décrire, tel que M. Evans lui-même le présentait dans ses ouvrages comme une preuve de l'action voulue, intelligente, humaine. Mais j'admets que par grand hasard un choc naturel, dans des circonstances d'ailleurs rarissimes, a pu produire un bulbe de percussion sur un silex; que la même pièce vienne à être une seconde fois l'objet de la même opération naturelle, alors c'est un vrai miracle et je n'y crois plus.

Or, voilà une pièce que je trouve dans les cartons de M. Ribeiro, dans le choix fait par la Commission; je l'avais déjà remarquée à l'Exposition anthropologique de Paris et je l'avais moulée parce qu'elle a deux bulbes de percussion, un troisième douteux, et une forme en pointe qui semble vraiment intentionnelle. Or, cette pièce présente à sa surface non pas une coloration que le lavage ferait disparaître, *elle a été lavée*, mais des plaques de grès tout-à-fait adhérentes.

Je ne crois pas qu'un chimiste nous permettrait de dire que de pareils dépôts peuvent se former et s'attacher au silex qui séjourne, le temps que l'on voudra, à la surface d'un grès *siliceux* !

Cette seule pièce me suffit, à présent surtout que j'ai vu les lieux. Mais il y en a d'autres beaucoup mieux taillées, et je crois bien que la plupart, recueillies à la surface d'un sol où manquent absolument la terre arable et toute trace d'autre dépôt, sont réellement extraites du dépôt tertiaire par l'érosion.

Je l'avoue, on pourrait considérer que la question est encore douteuse tant qu'elle n'a pas l'adhésion d'un Evans; je comprends les hésitations parce que ces petits silex miocènes sont, à certains égards, bien embarrassants. Mais M. Evans lui-même a reconnu que probablement plusieurs d'entre eux, avec un ou plusieurs bulbes de percussion, provenaient du grès sous-jacent ! Dans l'état actuel de la science, je crois la question tranchée dans le sens de l'affirmative.

M. Bellucci : L'éclat de silex que voilà était si bien dans le grès, que mon outil en bois n'a pu l'en détacher. Il m'a fallu employer la piochette en fer de M. Cartailhac pour briser le grès. M. Evans avait recommandé d'appeler comme témoins des membres de la Commission : j'en avais réuni trois autour de moi. M. Evans avait dit : « cherchez des cônes de percussion » ! voici l'éclat recueilli dans le grès, il a été détaché de la surface d'un rognon de silex et offre un cône magnifique. Que veut-on de plus !

On serait bien heureux de trouver à l'âge miocène des pièces régulières et bien faites ! cela n'est pas possible. On oublie trop que nous ne pouvons pas avoir déjà le travail et les objets de l'époque quaternaire.

Vous ne croyez plus au bulbe !

Que l'on ait alors la bonté de nous dire pourquoi ces silex-ci, qui sont tertiaires, ne sont pas taillés ; pourquoi ceux-ci, qui sont quaternaires, le sont. A quels caractères faut-il s'arrêter ?

J'ai encore à dire que les silex se rencontrent sur les emplacements, restreints, des cailloux désagrégés de la roche. Ils manquent sur les parties sableuses ou bien ailleurs dans la terre végétale.

La question de l'homme tertiaire passe par les phases traversées par la question de l'homme quaternaire. Dans les deux cas, on rencontre la même opposition systématique.

M. Cotteau : Le gisement tertiaire n'est pas douteux : grâce aux nombreuses recherches de MM. Ribeiro, Delgado, Chauffat, la stratigraphie de cette région est parfaitement établie, et les couches de pouding, surmontées en certains points par les boues à ossements et à végétaux appartiennent au terrain miocène.

Parmi les silex provenant de ces couches et que la Commission a examinés, quelques-uns non plus ne me paraissent pas douteux et présentent certainement les marques d'un travail intentionnel ; mais j'éprouve quelques doutes sur l'âge même de ces silex et leur gisement stratigraphique ; il ne m'est pas démontré qu'ils soient contemporains de la couche tertiaire et, dans l'état actuel des observations, il me semble plus naturel de les considérer comme quaternaires. Ce ne sont que des haches à peine ébauchées, des grattoirs informes, en un mot, des déchets d'ateliers qui ne paraissent pas avoir servi et dont il est difficile de préciser l'usage.

Les rares silex qu'on a rencontré engagés dans la couche ne paraissent pas suffisants pour démontrer d'une façon positive leur contemporanéité avec le dépôt tertiaire qui les renferme aujourd'hui.

Il s'agit d'un terrain de sable et de pouding qui a subi de nombreuses et puissantes dénudations, d'un sol inégal, meuble, raviné chaque année par des pluies torrentielles. Quand on se reporte au laps de temps considérable qui s'est écoulé depuis la fin de la période quaternaire, ne peut-on supposer qu'à une époque plus ou moins reculée, à la suite de dénudations et de ravinements, quelques-uns de ces silex ont été entraînés dans des fissures et qu'en y séjournant des milliers d'années ils aient pu prendre la teinte rougeâtre qui les caractérise et se couvrir sur certains points de grains de sable agglutinés ?

Rien ne s'oppose, assurément, à l'existence de l'homme tertiaire ; mais cependant, il ne faut rien décider sans preuves matérielles, et quant à présent, tout en reconnaissant que l'opinion de MM. Ribeiro, de Mortillet, Capellini, et tant d'autres est infiniment respectable et qu'elle sera peut-être demain la vérité, je voudrais comme géologue, pour me ranger à leur avis, des faits plus précis.

M. Virchow : Je ne suis pas géologue ; je m'en rapporte aux spécialistes pour l'âge du gisement. C'est la question principale que je veux mettre plus en lumière qu'on ne l'a fait encore. Je me pose depuis dix ans la question : peut-on reconnaître dans la forme d'un éclat de silex si l'opération qui l'a produite est intentionnelle ?

Il y a des percussions qui se font naturellement dans un courant d'eau, sur des pentes. Il faut donc renoncer au *bulbe de percussion*. Le mot conchoïde, proposé par M. de Mortillet, est très-bon ; chaque substance qui s'éclate a de ces conchoïdes, le verre, la calcédoine, l'obsidienne, le silex. Aussi toutes ont-elles été utilisées dans le même but, on connaît les pointes de flèches en verre de bouteille des îles Andaman et de la Terre de Feu.

On sait depuis longtemps que toutes ces substances présentent une fracture conchoïdale, même lorsqu'elles n'ont subi aucune impression violente (cassure par l'action de la chaleur solaire qui dilate assez brusquement les parties superficielles et amène ainsi leur séparation des couches inférieures) ; il y a des éclats naturels qui ont aussi une bosse. Alors comment décider si le conchoïde a été causé par un choc violent ou par un mouvement moléculaire ? La facette plate, comme dit M. Zawisza, intervient dans le premier cas par une coïncidence fort remarquable. Mais comment a eu lieu ce contact. Est-ce la main de l'homme qui en est l'auteur, ou bien une cause naturelle ?

Il y a dans le terrain d'Otta de grands blocs anguleux de silex. J'en ai moi-même détaché un qui était en partie aplati, roulé par l'eau. Voilà ce que tout le monde peut voir ; et alors comment admettre que les pièces qu'on dit taillées par l'homme, qui était loin de là, n'aient pas été roulées. Les plus nettes sont les plus vives, les meilleures, dira-t-on. Je préférerais, moi, qu'elles fussent avec arêtes émoussées.

Je crois que les échantillons sont de la couche même, mais ils ne peuvent venir de loin ; ils se sont fracturés, formés sur place ; l'homme ne vivait pas dans le lac : ce n'est pas lui, c'est l'eau sans doute qui a fait ces éclats.

Au reste, cette question est de nature à alimenter encore les discussions de plusieurs Congrès, et je soumettrai au prochain une série d'échantillons avec tous les caractères réclamés par quelques personnes et recueillis dans de telles conditions que l'homme n'y aura été pour rien.

Voyez l'état des choses ! J'ai moi-même, dans le kjoekenmoedding de Mugem, recueilli une petite pièce de silex, elle n'avait presqu'aucun des caractères soi-disant nécessaires ou décisifs, et *personne* n'a douté de l'action humaine.

Ici nous sommes en désaccord et beaucoup nient. On cherche avec sagacité des preuves, mais il n'y a pas une pièce qui laisse à notre esprit une impression *définitive*.

La discussion actuelle portera ses fruits ; dans un prochain Congrès on aura étudié de toutes parts, on sera bien mieux préparé pour juger.

Pour moi, je n'ai aucune hostilité contre l'homme tertiaire, je crois à son existence, mais pour d'autres raisons ; ainsi, la pièce présentée par M. Capellini m'a fait une très-bonne impression.

M. Delgado commence par déclarer qu'il n'a pas préparé l'exploration ; en second lieu, il se déclare incompétent au point de vue archéologique. Il veut seulement parler comme géologue et répondre à M. Evans. Dans la région aux silex, il n'y a qu'*une* formation géologique. La plupart des silex trouvés à la surface sont les restes de la dénudation ; la forme horizontale du plateau dépend de l'horizontalité des couches. M. Vilanova a parlé de quaternaire, mais tout le quaternaire du Portugal n'a aucun rapport avec le terrain d'Otta.

M. CAZALIS DE FONDOUCE : Je suis à certains égards au nombre des timides : le côté géologique est certain, le côté archéologique douteux. M. G. de Mortillet nous a montré avec netteté les caractères de la *percussion,* mais non les caractères de l'*intention.*

Dans ces couches, il y a des quantités considérables de silex ; ils sont là parce qu'il y a aussi des blocs et non parce que c'était le rivage, parce que l'homme habitait tout près.

On nous montre une collection de silex et de quartzites choisis dans la collection plus vaste du musée qui est, elle-même, un choix fait sur une grande quantité de pièces, en huit ans ! Dans quelle mesure sommes-nous en présence de cas exceptionnels, naturels ?

M. DE QUATREFAGES : La question de l'homme tertiaire se pose encore, pour certaines personnes, d'une manière générale ; pour moi, elle n'est plus que locale.

Les objections opposées à l'existence de cet homme me semblent aujourd'hui relever de la théorie plus que de l'observation. Ainsi, quelques paléontologistes déclarent qu'il est bien difficile d'admettre que l'homme ait survécu depuis une époque dont la faune mammalogique différait en tout de la nôtre. Comment aurait-il pu durer, disent-ils, quand tous les animaux dont il se rapproche le plus par son organisation disparaissaient ? — Je crois avoir répondu depuis longtemps à cette question. L'homme n'était pas placé dans les mêmes conditions que les bêtes. A son organisation de mammifère il joignait son intelligence, et c'est grâce à elle qu'il a pu franchir les changements de milieu qui sans doute ont amené l'extinction des populations animales.

J'ai dit ailleurs et ne crains pas de le répéter ici : le plus ou moins d'antiquité de l'homme est une question de fait et d'observation.

Quant aux indications de la théorie, elles nous conduisent bien au-delà des temps miocènes. L'homme par son corps n'est qu'un mammifère, rien de plus et rien de moins ; à ne tenir compte que du corps, il a pu vivre sur le globe dès que celui-ci a pu nourrir des mammifères ; et comme nous connaissons des mammifères qui ont vécu aux temps secondaires, l'homme a pu être leur contemporain. Il l'a pu d'autant mieux, qu'aux aptitudes physiologiques communes, à une faculté d'adaptation dont il donne chaque jour la preuve, il joignait une intelligence infiniment supérieure à celle de n'importe quel animal, l'intelligence humaine.

Mais on n'a pas eu jusqu'ici à s'occuper de l'homme secondaire. L'homme tertiaire est le seul dont il s'agisse ici. Cet homme a-t-il existé et avons-nous trouvé des preuves de son existence ? Je n'hésite pas à répondre par l'affirmative en ce qui touche la question générale. Mais celle-ci se décompose en un certain nombre de questions locales. La question de l'homme tertiaire portugais est une de ces dernières, et ce qui se passe à son sujet me rappelle ce qui s'est déjà passé à propos de quelques-uns de ses frères, comme l'histoire de ceux-ci a rappelé à certains égards celle de l'homme quaternaire.

Je me rappelle l'incrédulité que soulevèrent les premières communications de M. Desnoyers relatives à l'homme de Saint-Prest. Je ne puis oublier la physionomie de l'illustre Lyell en présence des ossements que mon confrère plaçait sous ses yeux. C'était celle d'un homme qui ne peut se refuser à l'évidence, mais que cette évidence révolte. Il se refusait d'ailleurs à admettre l'existence de l'homme à Saint-Prest, jusqu'à ce qu'on eût trouvé les armes, les outils qui avaient tué les animaux, qui avaient fait les entailles. — Pendant quelque temps on put recourir à cette objection ; puis M. Bourgeois la réfuta comme on sait en répondant au *desideratum* formulé par Lyell. Depuis lors tout le monde a accepté l'homme de Saint-Prest ; mais est-il tertiaire supérieur ou quaternaire inférieur ? J'ai entendu soutenir les deux doctrines. Incompétent pour décider par moi-même cette question, je la renvoie aux géologues.

L'histoire de l'homme tertiaire de la Beauce ressemble fort à la précédente. Je sais que l'existence de cet homme est encore révoquée en doute par quelques-uns de nos plus éminents collègues. Mais elle est démontrée pour moi et c'est en mon nom seul que je parle. Lorsque l'abbé Bourgeois me communiqua les premières pièces qui lui paraissaient démontrer que l'homme avait vu les temps miocènes, je ne lui cachai pas que ces preuves étaient à mes yeux absolument insuffisantes et peut-être de nature à témoigner plutôt contre qu'en faveur de son opinion. — Plus tard, au Congrès de Bruxelles, je fus de ceux qui, en présence de certains silex et surtout des perçoirs, crurent qu'ils pourraient bien avoir été façonnés par une main humaine. Mais je réservai néanmoins mon opinion. — Plus tard encore, lorsque l'abbé Bourgeois m'apporta de nouveaux perçoirs, toujours du même modèle, mais mieux travaillés, et surtout une hachette ou râcloir avec retouches, je me déclarai convaincu. — Je suis de ceux qui croient à l'homme tertiaire de la Beauce.

Si j'ai hésité à accepter l'homme tertiaire de l'abbé Bourgeois, il en a été autrement de celui que M. Capellini a découvert au Monte Aperti. Ici, les premiers dessins que m'adressa notre collègue ne me laissèrent aucun doute. A moins d'avoir été inventés de toute pièce, ils étaient absolument démonstratifs. Les moules, les pièces originales ont de plus en plus confirmé ma première impression. Les empreintes laissées sur ces os de Cétacé ne peuvent être attribuées qu'à un instrument tranchant, seul un instrument de ce genre peut faire des entailles semblables à celles que nous trouvons ici, lisses sur un bord et rugueuses sur l'autre. (Ici M. de Quatrefages dessine sur le tableau noir une sorte de chéma de la coupe de ces entailles). Or, l'homme seul fabrique et manie des instruments tranchants. Je crois donc à l'homme tertiaire de Toscane.

Et maintenant, que penser de l'homme tertiaire du Portugal ? Je le dis franchement : je ne saurais me prononcer encore. Je comprends toute la valeur des arguments sur lesquels s'appuient MM. Capellini, Cartailhac, de Mortillet, sans parler de nos éminents collègues portugais que l'on pourrait récuser comme étant juges et parties. Mais, d'autre part, les objections qu'on leur a faites ne me paraissent pas être sans valeur.

S'il me fallait absolument formuler mon appréciation actuelle, je dirais que la question de l'homme d'Otta me semble en être aujourd'hui à peu près au point où se trouvait à Bruxelles la question de l'homme de Thenay. Je viens de rappeler quel a été, à mes yeux du moins, le résultat final d'une instruction que je regardais encore alors comme incomplète. Je suis bien près de croire qu'il en sera de même de celle à laquelle nous nous livrons aujourd'hui. La question géologique est définitivement résolue. La question anthropologique le sera sans doute bientôt. L'existence de l'homme d'Otta est dès à présent presque probable ; elle sera peut-être démontrée au premier jour. Mais je reste encore dans le doute, estimant qu'en pareille matière on ne risque rien en se renvoyant soi-même à plus ample informé.

M. Virchow, président : Personne ne demandant la parole, la séance va être levée. Ce n'est pas une méthode scientifique que de trancher les questions à la majorité des votants ; chacun emportera ses impressions...

M. Schaafhausen : L'homme préhistorique. — M. Frédéric A. de Vasconcellos Résumé d'une étude faite sur quelques dépôts superficiels du bassin du Douro. — M. N. Delgado : Description de la grotte de Furninha à Péniche (quaternaire). — M. Carlos Ribeiro : Les Kjoekenmoeddings de la vallée du Tage. — M. N. Delgado : L'époque néolithique dans la grotte de Péniche. — M. Cartailhac : Les Européens de l'âge de la pierre n'étaient pas anthropophages ; rapport d'une Commission.— M. P. Cazalis de Fondouce : Observations sur les sépultures néolithiques du Portugal. — M. De Paula e Oliveira : Les ossements humains de quelques gisements préhistoriques du Portugal.

M. Shaafhausen : **L'homme préhistorique**. — Il entre d'abord dans quelques considérations un peu vagues sur l'ancienneté de l'homme et son origine. Il déclare avoir examiné à Bruxelles et à Saint-Germain les silex de l'abbé Bourgeois et avoir reconnu sur plusieurs les traces de la main humaine. D'ailleurs, il n'est pas possible, à ses yeux, de séparer réellement les époques tertiaires et quaternaires et leurs subdivisions. M. Schaafhausen exprime en passant son scepticisme au sujet des os incisés de baleine présentés à Buda-Pesth par M. Capellini. Puis il arrive au crâne de Néanderthal dont il fait ressortir les caractères pithécoïdes et l'ancienneté. Ce crâne et la mâchoire de la Naulette n'existent dans aucun type actuel. Enfin, l'homme doit être apparu sur la terre entre la période miocène et post-pliocène.

M. de Quatrefages : J'ai trop souvent exprimé mon opinion sur la question actuelle pour avoir besoin d'insister longtemps sur ce sujet. On sait qu'il m'est impossible d'admettre dans le passé l'existence d'un être intermédiaire entre l'homme et les singes anthropomorphes, fils de ces derniers et notre ancêtre direct. Le crâne de Néanderthal, que l'on cite toujours chaque fois que l'on aborde cet ordre d'idées, n'a en réalité que bien peu de ces caractères exceptionnels qu'on lui attribue et que l'on exagère outre mesure. Il n'est autre chose que le type le plus accusé d'une forme céphalique dont nous avons montré, M. Hamy et moi, qu'il existe des degrés très-divers. M. Vogt a montré que ce type s'est produit de nos jours encore et qu'il est très-compatible avec un développement intellectuel des plus accusés.

Au reste, les origines humaines ne sont qu'un cas de la grande question des origines des espèces animales et végétales. On comprend que je ne voudrais pas la soulever ici ; elle m'entraînerait trop loin et entraînerait vite de trop longues discussions. Je me borne à rappeler que les considérations morphologiques ne suffisent pas pour aborder et résoudre ce problème et qu'il faut tenir compte des lois physiologiques communes aux animaux comme aux végétaux.

Frédéric A. de Vasconcellos : **Résumé d'une étude faite sur quelques dépôts superficiels du bassin du Douro.** — L'auteur, dans ce grand travail d'une analyse difficile, arrive aux conclusions suivantes : 1° action glaciaire ayant modifié considérablement la surface des roches cristallines jusqu'au bord de la mer et probablement au-dessous de ce niveau, reposant sur elles des alluvions contenant de gros blocs erratiques et des cailloux striés ; 2° existence probable de l'homme avant que ces alluvions soient restés immobilisés, soupçonnée à cause de la rencontre au milieu d'elles de quartzites qui paraissent taillés et striés ; 3° plage soulevée à une altitude de plus de 50 mètres avec conservation partielle de dépôts marins formés à une époque postérieure à celle de l'immobilisation des *alluvions anciennes*; silex taillés probablement de deux provenances : les unes dérivées des alluvions anciennes ou glaciaires, les autres fabriquées sur place ou dans d'autres lieux ; 4° plage soulevée à une altitude de plus de 10 mètres 30 avec conservation de dépôts marins contenant des restes de coquilles qui paraissent récents, ainsi que des quartzites qui paraissent taillés de formes assez petits. Ces dépôts paraissent passer inférieurement à des alluvions, probablement contemporaines de celles des plateaux.

A la suite de cette lecture M. Ernest Chantre fait quelques observations, tout en rendant hommage à l'étendue du travail accompli par M. Frédéric A. de Vasconcellos. Les membres les plus compétents du Congrès ne paraissent pas disposés à admettre que les cailloux qu'il présente soient réellement striés par une action glaciaire, ni que les quartzites soient taillés. — La question exige de nouvelles études.

M. Delgado : **Description de la grotte de Furninha à Péniche.** — La presqu'île de Péniche, située à 15 lieues au nord de Lisbonne, présente une falaise très-abrupte formée par le lias supérieur; vers le sud de cette falaise se trouve la grotte de Furninha, à environ 15 mètres au-dessus du niveau de la mer; celle-ci y pénétrait à l'époque quaternaire, donc il y a eu un exhaussement du sol. La grotte renferme deux dépôts, l'un quaternaire, l'autre néolithique. Les dépôts du premier âge sont très-épais, mais les ossements se sont rencontrés dans un puits naturel avec des silex taillés et des coprolithes. Les os sont brisés par l'homme ; les coprolithes et les os rongés montrent que la grotte a servi de repaire aux hyènes. Il y avait un petit fragment de maxillaire inférieur d'enfant, une pointe en silex du type de Saint-Acheul, un petit couteau de même matière et quelques éclats tant en silex qu'en quartz. Faute de moyens suffisants pour la détermination des espèces, on peut seulement donner la liste suivante :

La chauve-souris (*Vespertilio*) ;

Le hérisson (*Erinaceus europæus*) ;

L'ours des cavernes (*Ursus spelæus*) et une autre espèce *(Priscus?)* de plus petite taille ;

Le blaireau (*Meles tatus*);

Le loup (*Canis lupus*);

Le renard (*Canis vulpes*) et une autre espèce gigantesque;

La belette (*Mustela vulgaris*);

L'hyène, deux espèces, l'une *H. prisca* de M. Marcel de Serre, actuellement éteinte, et l'autre beaucoup plus abondante et encore vivante *H. vulgaris;*

Le lynx (*Felis lynx*);

Le chat sauvage (*F. catus*) et trois espèces du même genre que l'on n'a pu encore déterminer faute de termes de comparaison;

Le rat d'eau (*Arvicola amphibius*);

Le lapin sauvage (*Lepus cuniculus*);

Des ossements assez rares appartenant aux genres *Sus, Rhinoceros* (le seul vestige découvert jusqu'ici en Portugal de *R. tichorhinus!*) *Cervus, Bos* et *Equus.*

Les restes d'oiseau sont abondants et variés; les batraciens et les poissons sont à peine représentés, de même que les testacés, et cependant la grotte est au bord de la mer.

Le lapin, plus grand que l'actuel, est extrêmement abondant. Il occupe toute l'épaisseur du dépôt comme à Casa Moura (Cesareda), ou plus de dix mille individus ont été recueillis.

Dans une autre grotte située à 37 kilomètres de distance, près de Cercal, on ne trouve pas l'*H. vulgaris*; en revanche, il y a l'*H. spelæa.*

Il ne peut y avoir eu mélange entre ces restes et ceux d'une époque plus récente, car le puits contenait sept niveaux fossilifères séparés les uns des autres par d'épais bancs de sable sans ossements. Les os roulés par l'eau sont associés à d'autres qui ne le sont pas du tout et avec des os intacts. La distribution des espèces du haut en bas n'a rien présenté de particulier.

M. G. de MORTILLET fait remarquer que le type de Saint-Acheul le plus pur et le plus ancien est représenté dans cette grotte.

M. EVANS ajoute qu'en Angleterre ce type, *qui est bien le plus ancien,* a été rencontré dans les couches profondes de certaines cavernes.

Carlos Ribeiro : **Les Kjoekenmoeddings de la vallée du Tage.**
— Les « Kjoekenmoeddings » bien caractérisés que l'on connaît jusqu'à présent en Portugal sont ceux du voisinage des petites villes de Salvaterra et de Mugem, un peu en dehors de la rive gauche du Tage et près de la fin des vallées que traversent les rivières de Magos et de Mugem. Le fond de ces vallées spacieuses a 1,000 ou 1,500 mètres de large, et les coteaux qui les limitent n'ont que 4 à 15 mètres de hauteur.

Ces kjoekenmoeddings se trouvent à 60 ou 70 kilomètres des hautes côtes maritimes de l'embouchure du Tage et à 20 ou 25 mètres au-dessus du niveau moyen de la mer. Les marées sont encore sensibles à Mugem, mais l'eau de l'Océan n'arrive à peine qu'à Villafranca, 30 kilomètres en amont de Lisbonne. Les kjoekenmoeddings ont en grande partie disparu, on peut peut affirmer qu'ils occupaient une zone de terrain de 20 kilomètres de long sur 5 de largeur.

Le premier qui fut découvert en 1863 était dans la Quinta de Sardinha, les coquilles y formaient une bande blanchâtre d'environ 300 mètres de longueur. (*Buccinum, Lutraria, Nucula, Cardium, Tapes, Pecten, Solen,* et *Ostrea*), — pinces d'écrevisses, vertèbres de poisson, fragments d'os de mammifères (ruminants), une phalange d'orteil humain et une partie d'os coronal également humain.

Les kjoekenmoeddings de la vallée du Mugem sont les suivants :
Fonte do Padre Pedro, — Cabeço d'Arruda, — Cabeço d'Amoreira, — Moita do Sebastião.

Presque à l'extrémité ouest du flanc droit de la vallée de la rivière de Mugem, les coquilles forment une masse de 90 à 100 mètres de longueur E.-O. sur 40 à 50 N.-S. (*Cardium, Ostrea, Tapes, Lutraria,* celle-ci prédomine). Çà et là des os (*Cervus, Bos, Ovis*. Un fémur humain). Presque à la surface étaient quatre squelettes humains couchés en long avec vestiges de l'époque romaine.

A 3 kilomètres en amont le kjoekenmoedding de Cabeço d'Arruda occupe une surface à peu près elliptique de 100 mètres sur 60, et présentent une épaisseur d'environ 7 mètres. Cette masse, la plus considérable de toutes, se compose de coquilles la plupart brisées, mélangées à du limon desséché, du sable et du gravier. Le charbon et le bois plus ou moins carbonisé est assez commun. On remarque que les couches du dépôt ont des dimensions fort irrégulières et sont plus ou moins discontinues. Dans chacune d'elles la proportion des coquilles, du sable, du limon, du charbon est variable. On y trouve des morceaux plats de terre cuite, d'épaisseur et de grandeur inégale, associés au charbon et fréquemment disposés horizontalement à la limite des couches ; ils paraissent être la trace des foyers. Mais il n'y a nulle part de poterie proprement dite, ni haches polies. En revanche, on y a rencontré des pierres grossièrement taillées, étrangères au sol de la région. Ce sont principalement des quartzites qui ont beaucoup de ressemblance avec les quartzites taillés tertiaires. On trouve aussi, mais en petite quantité, des silex, nuclei de petite taille et éclats divers n'ayant pas d'analogie avec les spécimens des antas et des cavernes. Cette roche existe au loin de l'autre côté du Tage.

Les objets en os ouvré ne manquent pas.

Il y a aussi des plaques de grès fin micacé assez dur ayant servi à la trituration ; à côté d'une de ces petites meules s'est rencontré un pilon usé à l'une de ses extrémités.

Dans la première exploration faite il y a 15 ans, les restes de squelettes humains révélèrent la présence de plus de 40 individus. En 1880, le chiffre s'est élevé à 120 en y comprenant le produit des deux kjoekenmoeddings d'Arruda et de Moita do Sebastião. Auprès de ces squelettes on n'a remarqué ni instruments en os, ni aucun objet exceptionnel ; à peine quelques petits couteaux de silex dans le voisinage d'un petit nombre.

Il y a lieu de croire que les mangeurs de coquilles choisissaient pour leur cimetière un endroit éloigné de 20 ou 40 mètres du point où ils stationnaient ; lorsqu'ils croyaient que les cadavres étaient consumés, ils allaient occuper de nouveau la surface du tumulus et changeaient alors l'emplacement de leur cimetière.

On remarque une certaine orientation dans l'ensemble de la disposition individuelle ou générale des squelettes humains. Beaucoup étaient accroupis ; il est nécessaire de compter avec les mouvements du sol après ces ensevelissements. Pourtant, nous avons vu des crânes séparés des troncs, à la distance de 3 à 5 décimètres, et des bras complets également isolés. A côté des squelettes de femme, quelquefois des squelettes d'enfant nouveau né.

Les coquilles appartiennent aux genres énumérés plus haut. Les mammifères sont les suivants : *Bos, Cervus, Ovis, Equus, Sus, Canis, Felis, Meles, Viverra, Lepus.* Oiseaux, poissons. Mais la base essentielle de la nourriture était la *Lutraria compressa* et le *Cardium edule*. On les mangeait crus ou à peine échauffés. On a trouvé beaucoup de valves non séparées et la plupart non altérées par le feu. Une partie des os offrent des traces de brûlure. — Absence d'animaux domestiques, sauf le chien.

Quelles que soient les races auxquelles on puisse rapporter ces restes, il n'en est pas moins probable que leur apparition correspond, dans le Portugal, au commencement de l'époque néolithique, à la fin du dernier mouvement ascensionnel de la partie occidentale de ce pays.

M. CARTAILHAC appelle l'attention du Congrès sur un fait bien curieux ! En Danemark on a discuté longtemps pour établir si les kjoekenmoeddings étaient contemporains des dolmens ou plus anciens. La question est singulièrement difficile, puisqu'elle a été pendant plusieurs années résolue d'une manière différente par des maîtres aussi éminents que Steenstrup et Worsaæ. Or, le même embarras se présente en Portugal. Comme les moindres faits ont à ce propos une grande importance, M. Cartailhac signale à M. Carlos Ribeiro quelques petits silex taillés avec beaucoup de soin, de forme romboïdale, qui se rencontrent quelquefois dans les kjoekenmoeddings du Tage, aussi bien que dans les stations néolithiques dont la section géologique possède le contenu.

M. J. DELGADO : **L'époque néolithique dans la grotte de Péniche.**
— Les dépôts néolithiques recouvraient complètement le sol et offraient deux accumulations principales de débris humains : l'une, la principale, dans le milieu de la grande salle à peine éclairée ; l'autre, dans le corridor d'entrée, plus éclairée et donnant un dégagement plus facile à la fumée. Avec les os humains il y avait quelques instruments en pierre et en os et quelques ossements d'animaux. Ils étaient tous brisés en petits fragments, sauf peut-être trois ou quatre

os longs ; beaucoup sont râclés intérieurement, sans doute dans l'intention d'en extraire la moelle, et quelques-uns le sont aussi à l'extérieur ; d'autres fragments ou éclats ont été rongés ; plusieurs ont subi l'action du feu ; enfin, quelques-uns offrent des incisions produites par un instrument tranchant ou la marque des petits éclats qui en ont été enlevés ; un petit fragment de crâne est surtout remarquable par une fossette de 0,02 cent. de diamètre et 5 de profondeur, qui représente peut-être le commencement d'une opération chirurgicale. On n'a pas rencontré un seul crâne entier dans cette grotte, ni même une partie assez considérable pour faire connaître la forme. Quoique nombreux, les fragments sont très-loin de correspondre au nombre d'individus révélé par les maxillaires inférieurs (140 individus); 22 maxillaires supérieurs seulement ! Les extrémités inférieures des humérus sont en bien plus grand nombre (4 fois plus) que les extrémités supérieures. Les radius et les cubitus se montrent au contraire dans une proportion inverse. Pour les membres inférieurs, les tibias et les péronés, en nombre à peu près égal, manquent pour la moitié des extrémités inférieures. Dans les fémurs, la différence est moins sensible, en revanche, au profit des extrémités supérieures. Les os du tarse et du métatarse sont en plus grand nombre que les os du carpe et du métacarpe ; au contraire, les phalanges de la main sont plus abondantes que celles du pied. Enfin, la totalité des ossements recueillis ne correspond pas au chiffre d'individus indiqué par les mâchoires inférieures.

Pour expliquer ces anomalies, M. Delgado écarte les actions naturelles. Les os spongieux (iliaques, vertèbres, etc.) ne manquent pas. Il suppose que les corps ne sont pas entrés entiers dans la grotte, qu'ils étaient dépécés avant d'y être introduits. En effet, un corps humain serait très-lourd à porter pour être transporté par un sentier aussi âpre et difficile que celui qui conduit à la grotte.

Les os d'animaux sont rares et non brisés généralement (*Vespertilio, Ursus, Meles, Mus, Lepus, Sus, Cervus, Capra, Ovis, Bos, Phoca*). Les restes les plus abondants sont ceux des petits ruminants ; quelques vertèbres de poisson, d'os d'oiseau et coquillages.

Le Phoque est représenté par deux mâchoires. Ce sont les seuls restes de mammifère marin découverts dans les grottes de ce pays.

C'est, d'après M. Barboza du Bocage, le *Phoca monachus* Hermann, espèce de la Méditerranée et de l'Adriatique.

L'*Ursus* paraît être celui des Asturies ; on a également trouvé cet *U. Pyrenaica* dans d'autres grottes (Lapa furada, à Cesareda), etc.

M. Delgado insiste sur l'absence, sauf trois vertèbres, d'os de poissons, et il y voit une preuve que la tribu, bien que voisine de la mer, ne voulait pas d'autre nourriture que la chair humaine.

L'industrie est représentée par deux petites coupes en terre de forme hémisphérique et lisses, d'un vase de grande dimension de forme ovoïde, à deux anses, et de nombreux fragments grossiers, noirs, ornés quelquefois d'un pointillé ou de sillons, non tournés et de formes très-variées. Plusieurs ont comme une sorte de *couverte* rougeâtre, noirâtre ou jaunâtre. On a recueilli du minerai de fer et l'outillage nécessaire pour les réduire en poudre. Les éclats et nuclei de silex révèlent aussi un atelier de fabrication ; une belle série de haches polies (28) qui sont en schiste siliceux, chloritique, ardoisier ; en amphibolite, aphanite et phtanite. Plus de 60 couteaux en silex de 23 millimètres à 15 centimètres de longueur, fort réguliers, dentés d'un ou de deux côtés, de nombreuses pointes de flèches de formes variées ; deux pointes de lance ou de javelot de 10 centimètres de long. Un grand éclat et un beau couteau en calcédoine qui paraissent des objets paléolithiques, repris et utilisés à l'époque néolithique ; deux plaques trapézoïdales de schiste, l'une en ardoise ordinaire, l'autre de schiste micacé luisant, perforées et ornées sur une face de dessins géométriques. Une épingle en os avec tête ajoutée, des grains de collier en os et en callaïte ou en serpentine, une dent canine de chien et une défense de sanglier perforées. Tel est l'inventaire des objets travaillés.

M. E. Cartailhac : Il faut d'abord que je rende hommage aux grands services rendus par M. Delgado. Les fouilles faites sous sa direction, par leur précision et leur méthode, rappellent celles si célèbres de M. Dupont.

Mais le géologue portugais, comme son savant collègue de Belgique, n'a-t-il pas été, à certains égards, entraîné à proposer des conclusions qu'il n'est pas possible d'accepter ?

La question de l'anthropophagie n'est pas nouvelle. En 1842

Spring découvrait à Chauvaux, dans une brèche ossifère, des ossements d'homme, de bœuf, cerf, mouton, sanglier, tous traités de la même manière, c'est-à-dire brisés lorsqu'ils étaient longs, lorsqu'ils avaient contenu de la moelle. Les uns et les autres en partie calcinés ; enfin, il n'y avait que des os d'adolescents, femmes ou jeunes enfants. L'accusation de cannibalisme raffiné eut un immense succès.

Mais en 1872 M. Soreil reprit ces fouilles ; il trouva sous la stalagmite explorée par Spring de nombreux ossements d'autant plus entiers qu'on se rapprochait des parois de l'abri ; deux squelettes intacts et complets étaient adossés au rocher, et il y avait des restes d'hommes, des adultes, des vieillards, associés à de nombreux silex taillés de l'âge de la pierre polie, et bouleversés çà et là par le passage des renards et des blaireaux.

En Danemark, à Borreby, une chambre mégalithique était remplie d'ossements humains non brûlés et brûlés ; ceux-ci étaient plus rares, répandus partout, et généralement cassés. Malgré les prudentes réserves de l'inventeur, on ne mit pas en doute le fait d'anthropophagie.

Or, l'étude des tombeaux néolithiques de la Scandinavie a prouvé que le feu allumé dans un but de purification, les enterrements successifs, etc., suffisaient à expliquer les faits du dolmen de Borreby et de bien d'autres, et que l'hypothèse de cannibalisme ne pouvait plus être admise.

En France on eut bien vite renoncé à elle et voici pourquoi :

Dans les foyers de l'âge du renne on rencontre quelquefois des os humains ; il ne faut pas oublier que les foyers ne renferment pas uniquement des débris de repas, mais aussi des rejets d'industrie ; or, la matière première est l'os, et un os humain apporté là par hasard ne prouve pas plus le cannibalisme que les flûtes en tibia humain de Pompéi. Les os longs trouvés dans ces gisements ne sont pas traités comme ceux des animaux, et les entailles qu'ils offrent parfois s'expliquent par le fait qu'on a voulu les utiliser.

Souvent ces os humains peuvent provenir de cadavres abandonnés près des foyers par ces populations qui ne plaçaient leurs morts ni dans les grottes ni dans la terre, et qui devaient fort ressembler, à cet égard comme à d'autres, aux habitants actuels les plus sauvages de la Sibérie orientale. Quelquefois, enfin, ils constituent des traces de sépultures néolithiques ou plus récentes, enfouies dans un sol riche en débris de tout genre, mutilées, remaniées...

Cette dernière explication est la plus plausible lorsque l'on rencontre des portions de squelettes humains dans les gisements néolithiques : à l'âge de la pierre polie, un grand nombre de cadavres trouvaient dans les grottes naturelles, plus ou moins fréquentées jusques là, leur demeure dernière ; quelques-uns de ces abris funéraires ont été respectés, mais la plupart ont été rouverts et bouleversés, soit par l'homme, soit par certains animaux. Il est arrivé plusieurs fois à Solutré, à L'Herm, etc., que des fouilles postérieures, plus étendues, ont, comme à Chauvaux, mis au jour la majeure partie du cimetière méconnu par les premiers explorateurs.

Il est incontestable que l'anthropophagie a été pratiquée par bon nombre de sauvages modernes, mais pas par tous. De même il faut faire exception pour les sauvages de l'Europe occidentale préhistorique. Nous n'avons pas, en effet, un seul foyer semblable à ceux des peuples cannibales.

Sans entrer dans l'histoire bien connue aujourd'hui du cannibalisme, nous pouvons dire que nos ancêtres de l'âge du renne ou de l'âge de la pierre polie ne paraissent pas être dans les conditions ordinaires des races anthropophages, au point de vue soit de la civilisation, soit des idées religieuses, soit des nécessités de la vie.

Un mot maintenant sur le cas spécial des grottes du Portugal. Ce n'est pas seulement dans celle de Peniche que les os humains se présentent dans la situation et dans l'état que M. Delgado invoque en faveur de l'anthropophagie. Dans tous les autres gîtes, cavernes naturelles, grottes artificielles, antas, on trouve des faits identiques ! De sorte que l'on aurait creusé des cryptes souterraines, on aurait élevé des mégalithes pour abriter les restes des repas d'anthropophages ! C'est inadmissible !

Pourquoi aurait-on laissé, avec les débris d'individus dévorés, les armes, les outils, les parures, les amulettes, les poteries entières ?

Ce sont en réalité des mobiliers funéraires, il s'agit uniquement de sépultures dans lesquelles les morts ont été déposés à l'état de cadavres ou de squelettes, en général non incinérés ; ces débris se sont trouvés, depuis le décès, soumis à des influences, à des actions bien diverses !

Les os se conservent très-différemment selon l'humidité et la nature chimique du sol, selon qu'ils sont plus ou moins soustraits aux agents atmosphériques.

Les os humains ne se comportent pas comme ceux des animaux ; il y a pour eux, comme pour ceux des carnivores ou des herbivores, des fractures spéciales et caractéristiques.

Enfin, l'action de l'homme aboutit à des résultats différents selon que l'os est frappé ou que l'on frappe avec l'os.

C'est armé de tous ces renseignements que M. Cartailhac nie, sans aucune réserve, toutes les soi-disant preuves du cannibalisme préhistorique.

Il loue de nouveau le soin avec lequel M. Delgado a fait ses fouilles, et grâce à cela même on peut parler comme si l'on avait assisté aux recherches, on a sous les yeux tous les éléments d'information. Les os qui manquent sont ceux que l'on est habitué à ne pas rencontrer toutes les fois qu'on fouille une sépulture multiple ; ce sont ceux qui dans les tombeaux simples se détruisent les premiers. Lorsque le squelette est seul, isolé, par exemple, dans un cercueil, il n'est pas rare de trouver que la pression des terres et l'action des milieux l'ont traité comme ceux des grottes du Portugal : même aspect, mêmes cassures, même élargissement du canal médullaire.

Les incisions également invoquées par M. Delgado, sont dues aux dents des carnassiers de petite taille et surtout des rongeurs.

Enfin si la grotte de Peniche est d'un accès très-difficile, on comprend mieux encore pourquoi elle avait été choisie pour garder les dépouilles des morts aimés !

M. G. DE MORTILLET appuie les observations qui viennent d'être faites ; il ajoute que souvent les os longs prétendus cassés par l'homme pour l'extraction de la moelle, ne renferment pas de moelle ! En particulier la quantité de moelle contenue dans tels os humains est proportionnellement moindre que dans les os longs des animaux de taille analogue.

M. R. Virchow conteste ces conclusions.

M. Vasconcellos Abreu insiste sur une des causes principales de l'anthropophagie : la religion.

M. Schaafhausen demande qu'une Commission examine les collections et les faits invoqués par M. Delgado, et il propose une série de personnes pour en faire partie.

La dernière partie de cette proposition étant irrégulière, le président ne l'accepte pas. A la fin de la séance il proclame membres de la Commission : MM. Delgado, Schaafhausen, Virchow, de Mortillet, Capellini, Hildebrand, B. du Bocage, Cartailhac, Vasconcellos Abreu, rapporteur.

Trois heures de discussion suffirent à peine à l'examen des pièces en litige. M. Schaafhausen ne céda sur aucun point. M. Virchow, peu à peu, s'éloigna de l'opinion de son compatriote; MM. Capellini (1), B. du Bocage, Vasconcellos Abreu déclarèrent avoir encore des doutes ; M. Hildebrand se rallia absolument à l'opinion de MM. de Mortillet et Cartailhac.

Après la lecture du rapport, le temps manquait pour continuer la discussion ; une seule personne prit la parole :

M. Schaafhausen : Ces os humains sont cassés et fendus de la même manière que les os d'animaux des cavernes. Il n'y a pas un carnivore qui brise ainsi les os.

Les os sont brûlés. M. Delgado a trouvé des amas d'ossements humains brûlés et dispersés dans la grotte. Ce sont les restes des repas de l'homme.

L'absence des épiphyses prouve que l'homme, après avoir mangé la chair et sucé la moelle, a jeté les os à son chien.

De la présence des os d'enfant souvent intacts, il faut conclure que les sauvages de ce pays ont mangé les ossements de leurs ennemis, mais pas ceux de leurs enfants.

M. Schaafhausen rappelle les conclusions de son mémoire sur l'anthropophagie et conclut en disant :

Les fouilles de M. Delgado tranchent définitivement la question.

---

(1) M. Capellini a soutenu et soutient encore que la grotte de Palmella (Italie) renferme des traces de cannibalisme.

M. CAZALIS DE FONDOUCE et M. CARTAILHAC, à propos des communications de M. Delgado, font ressortir les analogies et les différences des sépultures néolithiques du Portugal avec les allées couvertes qu'ils ont fouillées aux environs d'Arles, et les monuments de la Bretagne ; M. Cazalis de Fondouce insiste sur l'abondance dans ces trois centres des perles en *callais* si rares ailleurs. En Portugal, on les a rencontrées très-nombreuses dans les grottes artificielles de Palmella, où se trouvent aussi des vases caliciformes identiques à ceux des grottes artificielles d'Arles. Il serait très-important de savoir si cette callaïs n'existe pas dans les roches de la Péninsule.

M. Cartailhac ajoute que M. Edouard Piette vient de trouver une poignée de perles en cette matière dans un dolmen sous tumulus des Pyrénées. Il note en passant la grande ressemblance des petites pointes de flèches en silex des tombeaux du Portugal avec celles du nord scandinave ou de l'Irlande.

M. J. EVANS a été également surpris de ces rapports.

D'OLIVEIRA DE PAULA : **Etude des ossements humains préhistoriques de la Section géologique.**— Signale d'abord un crâne qui avait été trouvé dans le quaternaire du *Valle do Arieiro* (80,11 indice céphalique) sous-brachycéphale féminin, très-semblable au crâne de Furfooz : l'un et l'autre ont une dépression au-dessus de l'angle externe de l'occipital. L'auteur dit que si ce rapprochement est aussi réel qu'il le croit, le sol portugais d'aujourd'hui a été habité pendant l'époque quaternaire par des hommes de la race de Furfooz. Ce fait confirmerait l'opinion des auteurs des *Crania ethnica*, qui dans un crâne du Cabeço da Arruda voient l'indice de la fusion des deux types sous-brachycéphales Furfooz et Canstadt, et l'un de ces types est celui dont il est question ici.

La protubérance des bosses sourcilières et la brachycéphalie ne sont pas générales dans les crânes du Cabeço da Arruda ; au contraire, ces caractères y sont exceptionnels. Un seul les présente (n° 1). Tous les autres sont franchement dolichocéphales et leurs saillies sourcilières peu développées.

Les crânes des cavernes de Cesareda et du Monte Junto présentent deux formes très-distinctes : l'une dolichocéphale, semblable en divers points à celle de Mugem, mais d'un volume plus considérable ; l'autre brachycéphale, remarquable par la saillie de sa région frontale et principalement par la proéminence, l'élévation et la déviation en arrière des bosses pariétales qui donnent au crâne, vu d'en haut, un contours trapézoïdal.

Un crâne féminin, de Licea, offre les caractères de la brachycéphalie la plus prononcée.

Le type masculin peut être étudié sur un autre crâne qui provient des fouilles d'une grotte à Carvalhal.....

La plupart des crânes écossais et irlandais préhistoriques, décrits par M. Huxley dans le livre *Prehistoric remains of Caithness*, ont une ressemblance remarquable avec plusieurs des crânes de nos cavernes, surtout avec ceux de Monte Junto.

Les crânes de Palmella ont une forme analogue à celle des crânes de Cesareda et de Monte Junto, les uns purement dolichocéphales, les autres sous-brachycéphales.

A Cascaes on ne retrouve pas le type brachycéphale. Les crânes y sont très-uniformes, aux orbites quadrangulaires, très-prognates, à menton saillant, triangulaire. Les os longs n'ont rien de spécial ; la platycnémie du tibia est prononcée.

Cette série, malgré quelques particularités (élévation du crâne grande longueur de la face, prognatisme très-accentué), se rapproche surtout de la race dite de Cro-Magnon.

M. DE QUATREFAGES : M. de Paula est dans le vrai lorsqu'il rapproche certaines populations ibériques de la race de Cro-Magnon. Nous avons montré depuis longtemps, M. Hamy et moi, que cette race était plus ou moins représentée dans le pays Basque, en Algérie, aux Canaries, où M. Verneau l'a retrouvée encore vivante. La péninsule Ibérique ne peut guère qu'avoir reçu sa part de ce sang sur divers points de son territoire.

Toutefois, on ne saurait attribuer à cette race seule tous les éléments dolichocéphales qui ont contribué à former les populations actuelles, celles du Portugal en particulier. En étudiant les crânes retirés des kjoekenmoeddings, j'y ai trouvé un type dolichocéphale, absolument distinct de celui de Cro-Magnon. La plupart de ces crânes sont malheureusement déformés ; mais l'un d'eux, placé dans la vitrine n° 1, est presque intact et permet d'apprécier facilement certains traits que l'on reconnaît ensuite sans trop de peine sur les spécimens qui ne sont pas trop altérés. Le caractère général le plus frappant de ce crâne, c'est qu'il est très-franchement harmonique : il est dolichopse autant que dolichocéphale. La tête osseuse de Cro-Magnon, au contraire, est essentiellement disharmonique ; si elle est dolichocéphale, elle est brachyopse. Chez elle la face est dilatée transversalement outre mesure. Dans la tête portugaise dont je parle, elle semble, au contraire, presque comprimée tant les pommettes sont effacées. De plus, chez cette dernière, l'orbite présente des caractères opposés à ceux de l'orbite de Cro-Magnon. Celui-ci est très-allongé horizontalement, le diamètre transverse étant de beaucoup plus grand que le diamètre vertical. Dans la tête dont je parle, les diamètres orbitaires sont presque égaux.

Ces têtes à crâne et à face également allongée, m'ont vivement rappelé l'un des quatre types basques que j'ai eu occasion d'observer dans les environs de Cambo et sur lesquels j'ai donné, il y a longtemps, quelques détails à la Société d'Anthropologie. Il me paraît évident que ces montagnards du versant pyrénéen français se rattachent à l'ancienne race qui a laissé ses débris de cuisine et ses squelettes sur les bords du Tage.

M. Henri Martin expose toutes les difficultés que l'on rencontre lorsque l'on touche aux questions ethniques qu'il ne faut pas confondre avec les questions linguistiques. Les gens qui parlent la langue ibérique au nord de l'Espagne, au sud de la France, sont-ils descendants des anciens Ibères ? Ils ne présentent pas un type unique et nous ignorons absolument s'il y eut un type ibérique et quel il fut. Quelle est la plus ancienne population de la Péninsule ? Quel nom faut-il donner, en Portugal, à cette race que M. de Quatrefages y retrouve tout aussi bien qu'en Europe et qu'il convient, paraît-il, d'identifier avec les Berbères ? Comment distinguer l'Ibère du Ligure ?

M. Henri Martin a noté dans la Castille la présence d'hommes grands, élancés, forts, musculeux, osseux, au nez souvent aquilin, qui ne sont pas sans analogie avec un type sémitique exagéré bien que sans rapport avec les Arabes. Seraient-ce les représentants d'une race antique préhistorique ?

M. Ad. Coelho. Je suis heureux de me trouver d'accord avec M. Henri Martin. Il n'y a que des questions, nous ne pouvons rien dire de certain. Nous avons trop peu de monuments de la langue parlée en Biscaye. Il y a trop peu de temps que l'on a reconnu l'importance de la phonétique dans la linguistique pour pouvoir tirer profit des anciens travaux. Il faut encore étudier. Tout ce que l'on peut affirmer se réduit à ceci : toutes les relations supposées du basque avec quelque autre langue sont sans valeur.

M. Jose Caldas : Etudes paléontologiques, anthropologiques et archéologiques de la province du Minho —M. Consiglieri Pedroso : De quelques formes du mariage populaire en Portugal.— M. Cœlho : Les cultes des habitants de la péninsule Ibérique avant les Romains. — M. Henri Martin : De la triade gauloise. — M. Vilanova : De l'âge du cuivre en Espagne. — M. F. Sarmento : Les Lusitaniens, questions d'ethnologie. — M. Bataillard : Les gitanos d'Espagne et les citanos de Portugal. —— M. Oliveira Feijao : Sur un cas de microcéphalie en Portugal — M. Virchow : Sur la microcéphalie.

Jose Caldas : **Etudes paléontologiques, anthropologiques et archéologiques de la province de Minho.** — L'auteur débute par une série de souvenirs sur les cosmogonies des anciens ; puis il résume rapidement les progrès de la paléontologie. Le second chapitre est autrement intéressant bien qu'il aborde trop souvent des généralités connues ; le nord du Portugal possède un grand nombre de lieux nommés *Antas*, nom donné par les Romains à toute espèce de pilier ou colonne dressée en face des temples. Plus tard, au moyen-âge, on donne ce nom à toute pierre dressée au bord des chemins ou aux limites de territoires (Viterb., *Elucid. Verb. Antas*). Du ixe au xiiie siècle apparaît aussi *mamoas* ou *mamuas* que le latin barbare de ces époques traduit par *mamollas*, expression servant à représenter toute proéminence (Viterb. *Elucid. Mamoa*), ou petite colline de forme arrondie semblable au sein de la femme et dont on se servait pour borner les champs, quelques routes, les peuplades.

L'auteur passe à la description de quelques-uns de ces monuments du bassin d'*Ancora*. Le Dolmen de Barroza est placé à l'extrémité d'une sapinière qui couvre un plateau de courte dimension, à 1,500 mètres de Ville et de Gontinhaens (département de Caminha). Il domine un petit tumulus dont la base est entourée de quelques pierres. Une dalle de $3^m,50$ repose sur trois pierres de chaque côté, il y a en outre encore deux pierres vers l'entrée ; la hauteur moyenne est $1^m,53$. La pierre du fond a $2^m,30$. L'épaisseur moyenne de 25 mètres. La chambre a en somme $2^m,50$ sur 3. Il est visible qu'elle était autrefois enfouie sous un tumulus.

Le D. de Ville est en ruine.

Le D. de Trayao est détruit ; il contenait une hachette en diorite.

Sous le titre *erroné* de station Rhodauienne du mont Santa-Luzia, l'auteur, après avoir indiqué les travaux de M. Sarmento aux *Citanias* de Sabroso et de Briteiros, signale une nouvelle station du même genre, où les fouilles n'ont pas été faites sérieusement jusqu'ici. Elle est située à 960 mètres au nord du mont Santa-Luzia. On y a déjà remarqué des pierres avec cavités artificielles. Au N.-N.-S. est l'oppidum occupant un espace de 1,400 mètres cubes contenant visiblement 12 maisons à découvert. Il est limité par les accidents naturels du sol ou par une muraille de 2 mètres de large bien reconnaissable encore. Dans les constructions des maisons, la disposition diagonale est fortement accentuée et dénonce un travail soigneux ; l'aplomb des murs est vertical. Les quelques objets rencontrés, et que M. J. Caldas décrit avec soin, ne nous paraissent pas susceptibles de donner des renseignements vraiment sérieux ; ce sont surtout des poteries assez récentes.

Le mémoire de M. Caldas est accompagné de planches et de plans en couleur d'une rare perfection.

M. Z. Consiglieri Pedroso : **De quelques formes du mariage populaire en Portugal**, *contribution à la connaissance de l'état social des anciens habitants de la péninsule Ibérique.* (Extrait.) — Celui qui connaît les beaux travaux de sir John Lubbock et de Tylor sur la civilisation des sauvages, et l'important ouvrage de Mac-Lennan sur le mariage primitif et les formes les plus rudimentaires de la famille, sera étonné, sans doute, de rencontrer, parmi les usages et les coutumes du peuple portugais, et comme réalité existante, et sous la forme de symbole (le symbole étant le dernier vestige de la coutume), des traces non équivoques de tous ou presque tous les usages qu'on a rencontrés ailleurs, constituant l'essence de la famille au plus bas de l'échelle de l'humanité. Ainsi, j'ai découvert le rapt, dans nos mariages populaires, parfaitement caractérisé. A Jerumello, par exemple, dans la province de notre Extremadura, les mariages s'accomplissent de la manière suivante : Le jour des noces, la fiancée entourée de ses proches reste à la maison, tandis que le fiancé au milieu de ses parents et de ses amis se rend à l'endroit où est celle qui doit devenir sa femme. Arrivé là, une espèce de lutte s'engage, et il fait semblant d'arracher la jeune fille violemment à la maison paternelle. La suite de la fiancée oppose une résistance simulée et feint de céder seulement à la force, après quoi tout le monde s'en va à l'église où tout finit par la bénédiction du prêtre. A Miranda do Douro on observe encore aujourd'hui la coutume d'un combat entre le jeune couple qui est prêt à se marier. Du moment qu'une jeune fille est engagée et quelque temps avant le jour des noces, a lieu un rendez-vous où les deux se renvoient mutuellement des coups de poing, à qui mieux mieux. Personne n'a le droit d'intervenir pour faire cesser cette lutte singulière. On peut reconnaître encore la même coutume, plus ou moins modifiée, dans les cas suivants : A Sindim, aux environs de Regoa, lorsqu'un garçon de quelque village limitrophe y va pour demander en mariage une jeune fille, il est reçu à coups de pierre par les gens du pays, qui cherchent à empêcher la réalisation de son dessein. Si par hasard le mariage se conclut, le jour des noces, à la sortie de l'église, on barricade tous les chemins par où les nouveaux mariés doivent passer pour se rendre à la maison, et s'ils veulent passer outre, il faut que le mari dépose quelque pièce de monnaie. Cette coutume, si curieuse du reste, puisqu'elle présente des vestiges du mariage au moyen du rapt, nous met aussi sur les traces d'une ancienne exogamie, modifiée déjà par le rachat symbolique de l'épouse, représenté dans ce cas par le payement de la monnaie, qui doit être fait par le mari s'il veut d'avoir la faculté de se retirer en paix. A Thomar, le jour des noces, le fiancé, accompagné des témoins, va chercher la fiancée qui l'attend chez la marraine. Aussitôt qu'il y arrive, la jeune fille se cache derrière la porte et la marraine ne lui permet de sortir de là qu'après avoir obtenu un certain nombre de réponses aux questions qu'elle fait au jeune homme. A Barroso, on observe une coutume à peu près identique.

Dans un village tout près de Guarda, cette coutume présente encore les circonstances suivantes : La fiancée, avant de sortir de la maison paternelle pour se rendre à l'église, s'enferme dans une chambre, accompagnée de toutes ses amies non mariées. Lorsque le fiancé arrive, il frappe à la porte, qu'on ne lui ouvre pas sans qu'il réponde à un certain nombre de questions qu'on lui fait à l'intérieur. Ce dialogue fini, la fiancée se cache, et le jeune homme doit la chercher partout, jusqu'à ce qu'il la trouve et l'emporte en triomphe, se rendant ensuite à l'église. Dans quelques villages de Beira, on rencontre la variante qui suit : Jusqu'au moment de l'acte religieux il n'y a rien de remarquable, mais aussitôt que celui-ci est conclu, la scène la plus étrange a lieu. Les invités, qui composent le cortège de la noce, se présentent chacun pourvus de grands morceaux de pain bis, qu'ils jettent aux spectateurs faisant semblant de se défendre contre la persécution du peuple, qui veut enlever la fiancée. C'est un désordre affreux, simulant un vrai combat.

Il serait facile de décrire quelques variantes encore, que j'ai recueillies dans notre pays, particulièrement dans la province de Beira, et qui doivent paraître systématiquement ordonnées dans un travail complet que nous préparons sur ce sujet. Cependant les traces que nous avons découvertes d'une ancienne organisation familiale chez notre peuple ne se bornent pas à celles qui se rapportent à l'enlèvement de l'épouse, bien que celles-ci ne soient pas des moins intéressantes. Nous en avons encore d'autres, que nous passons à décrire très-sommairement :

En faisant des études sur les superstitions populaires portugaises au moyen-âge, j'ai eu besoin de lire un grand nombre de *Consti-*

tutions épiscopales, et à cette occasion j'ai rencontré une prescription qui est restée pour moi, jusqu'à ce moment, à peu près incompréhensible, je l'avoue. Il s'agit de défendre, sous les peines les plus rigoureuses, aux fiancés la cohabitation avant le mariage. La prohibition se rapporte à un usage persistant et non pas à une simple infraction individuelle aux lois qui président aux relations des sexes, comme on pourra s'en convaincre, du reste, en remarquant que cette défense se répète un siècle durant (la *Constitution* la plus ancienne qui en fait mention date de la première moitié du xvi° siècle, et la plus moderne est des dernières années du xvii° siècle). L'usage était commun, d'ailleurs, à tout le pays, puisqu'il nous apparaît invariablement dans toutes ou presque toutes les *Constitutions,* depuis celles de Braga et Fuarda au nord, jusqu'à celles de l'Algarve au sud du royaume. Quelle était donc cette coutume, contre laquelle le clergé catholique lançait son anathème, et qu'il était cependant impuissant à déraciner? Ce n'est pas évidemment un fait isolé, ainsi que le prouve du reste la permanence de l'usage. On ne peut songer non plus à une protestation de la part du peuple contre le mariage religieux, dans un pays aussi catholique que le nôtre, surtout à cette époque. Quelle était donc la signification de la coutume, dont on ne peut désormais mettre en doute l'existence? Pour ma part, j'avoue que j'ai été longtemps indécis, et c'est avec quelque réserve encore que je présente l'hypothèse suivante : La coutume me semble être le dernier vestige d'une organisation familiale où il régnait une grande liberté entre les sexes avant le mariage, une organisation familiale enfin plus ou moins polyandrique. Cette façon d'interpréter l'usage en question reçoit, quant à moi, une éclatante confirmation en le rapprochant des deux curieuses coutumes encore en vigueur dans quelques points de notre pays, surtout de la dernière, vraiment notable, et qui doit être regardée comme le commentaire de l'usage que nous venons de rencontrer dans notre législation religieuse. On m'a assuré que dans un endroit appelé « Magdalena », dans les environs de Sorto, quelques fiancés observent encore l'usage de cohabiter avant le mariage. Mais où la coutume se présente sous une forme parfaitement caractéristique, à ne laisser point de doute, quant à son importance traditionnelle, c'est dans un petit village, aux environs de Lisbonne. Ce village est compris dans la zone ethnographique connue sous le nom de *Saloios,* dont la population conserve un grand nombre d'usages antiques et intéressants au plus haut degré. Les jeunes filles qui arrivent à l'âge de seize ans environ, étant encore vierges, y sont l'objet d'une continuelle raillerie, à tel point que pour échapper à cette *honte* elles se livrent avec la plus grande facilité au premier venu qui leur fait la cour, et ces unions éphémères et peu recommandables par le côté de la pureté des mœurs, continuent d'ordinaire jusqu'au moment où les jeunes filles deviennent enceintes. Alors, un nouveau genre de vie commence pour elles. Celui qui se croit le père l'épouse, oubliant son passé. De leur côté elles deviennent en général honnêtes et dès ce moment rien ne les distingue d'une honnête femme. Ceci ne rappelle-t-il pas d'une manière frappante ce qu'Hérodote nous raconte des *vierges* babyloniennes, qui devaient au moins une fois dans leur vie, avant le mariage, se livrer à un étranger dans le temple de Vénus, après quoi elles devenaient des épouses irréprochables ? En tout cas, nous avons des motifs sérieux pour attendre des investigations, auxquelles nous nous adonnons à présent, de nouveaux faits qui viennent sous peu confirmer l'existence de traces d'une ancienne polyandrie péninsulaire, dans la dernière couche de la population du Portugal.

Il y a encore un usage, que j'ai rencontré dans quelques endroits de notre pays, d'une grande importance traditionnelle aussi, comme on peut s'en assurer en lisant le livre de Mac-Lennan (op. cit., pag. 316, 317). A Monteigas, par exemple, petit village dans les environs de Porto, on observe dans les mariages populaires la coutume suivante : les fiancés ne peuvent coucher ensemble que quatre jours après le mariage. Aussitôt que la cérémonie religieuse est finie, le fiancé se retire dans la maison paternelle et la fiancée s'en va de même chez ses parents, où elle est sous la vigilance de sa mère jusqu'à ce que les jours défendus soient passés. Dans les environs de Covilha le nombre des jours défendus est réduit à trois, et ce nombre on le retrouve aussi à Lavos, près de Figueira. A Peral, village situé à quelques kilomètres de Caldas de Rhainha, la coutume se retrouve à l'état de symbole. Lorsqu'une jeune fille se marie, les autres jeunes filles et garçons du village vont la nuit frapper à la porte, afin qu'elle ne puisse coucher avec son mari. Ceci se répète pendant les trois premières nuits ; ce n'est qu'après la troisième nuit que les nouveaux mariés peuvent dormir en paix.

Il y a encore beaucoup à étudier dans les coutumes qui se rapportent aux mariages populaires dans notre pays, et sous la forme de symbole, et comme usages jusqu'à ce jour en vigueur. J'ai même des raisons pour croire que dans la province de Beira il existe des traces d'une parenté par les femmes. Dans cette courte note, je n'ai voulu toutefois que décrire quelques usages curieux que j'ai recueillis pendant mes investigations et études sur le Folk-Lore portugais et qui me semblent éclairer une période de la vie de notre péninsule, pour laquelle nous n'avons pas d'histoire. Mon but a été donc, messieurs, d'appeler votre attention sur l'importance réelle, que jusque dans le domaine de vos études ont ces recherches sur les coutumes et les usages populaires de la région, à coup sûr, la plus curieuse à étudier de la péninsule Ibérique. A côté de la science dont les plus illustres promoteurs et les maîtres les plus écoutés sont assemblés ici en ce moment, la science qui s'occupe des origines préhistoriques de notre monde moral demande une place. Or, ces origines, messieurs, et ce seront mes derniers mots, sont peut-être contemporaines de cet homme fossile dont la découverte doit rendre vos noms, chers maîtres ! impérissables dans l'histoire de la science, c'est-à-dire, dans la plus belle page de l'histoire de la civilisation.

Coelho : **Les cultes des habitants de la péninsule Ibérique avant les Romains.** — Les documents sont de deux sortes : les monuments contemporains et les témoignages postérieurs à la domination romaine, soit les passages des écrivains grecs et latins, les inscriptions latines ; les usages et croyances populaires modernes, les noms de lieux.

On peut dire, d'après Strabon, que quelques-uns de ces peuples celtibères avaient un culte polythéiste et d'autres un culte différent, incompris ; qu'il y avait dans les idées religieuses des uns des éléments aryens, des divinités solaires, et que d'autres, — comme l'indique la danse au clair de lune, — se trouvaient dans la phase rudimentaire de l'adoration fétichiste des corps célestes. Il est impossible de ne pas admettre l'existence d'éléments africains dans les anciennes populations péninsulaires.

On peut croire que ceux qui ont légué aux basques leur langue eurent un culte de la lune. Yaungoikon, Dieu, veut dire aussi seigneur de la lune ou seigneur-lune.

Strabon rapporte que Artémidore vit sur le promontoire sacré des groupes séparés de trois ou quatre pierres que les visiteurs, pour obéir à une coutume locale, tournaient dans un sens puis dans l'autre, après avoir fait au-dessus certaines libations, et auprès desquels on ne faisait pas des sacrifices réglés et qu'on ne visitait pas la nuit. M. Coelho voit dans ces pierres, les âmes des morts, un nouvel indice du culte fétichiste.

Les inscriptions mentionnent un certain nombre de noms de divinités qui ne sont ni grecs ni latins. Quelques-uns sont celtiques : Bormaninus, Fameobrigus; d'autres peut-être, parce qu'ils sont simplement altères, ne paraissent pas tels : Banderacicus, Bandiarbariaicus, Banduætobricus.

M. Coelho regrette la rareté des monuments archéologiques et espère beaucoup à cet égard. M. Martins Sarmento a trouvé dans ses fouilles, à Sabroso, les restes de deux statues de porcs. Des découvertes semblables ont été faites à Ségovie et ailleurs dans la Péninsule. Or, l'importance de ces animaux dans les cultes aryens est connue. C'était un symbole de la fécondité, et des inscriptions d'Espagne signalent des sacrifices de sanglier et de porcs. L'habitude presque européenne de tuer le porc à certaine époque de l'année ne serait que la suite de ce culte. M. Coelho cite à cet égard des faits et des proverbes. Il en prend texte pour faire l'éloge de l'étude, fort délicate d'ailleurs, des fêtes, des usages, des croyances populaires modernes.

Quant aux noms de lieux (d'origine romaine ou romane), que nous ne connaissons que sous leur forme moderne, ils nous fournissent de précieuses données, par exemple, pour dresser la carte de la distribution des monuments mégalithiques, des anciens sanctuaires, des sources et des bois sacrés (Anta, Antas, Perafita, Perafina,

Peralonga, Talperra, etc.). Aquas santas, Monsanto, Monsão, Monchique, Fonte santa.

Il est temps d'étudier avant de faire des théories.

M. Henri Martin présente au Congrès, de la part de M. Alexandre Bertrand, conservateur du Musée national de Saint-Germain, dix-sept photographies représentant la Triade ou Trinité druidique sous les diverses formes retrouvées jusqu'ici. Il regrette qu'une erreur l'ait empêché, à son insu, d'apporter un travail publié sur cette matière par M. Bertrand et quelques études qui lui sont personnelles ; mais, heureusement, ces photographies si intéressantes lui sont parvenues à temps. M. Henri Martin pense, comme M. Bertrand, que ces représentations attestent un système mythique plus rapproché de l'antique Orient que de la Grèce et de Rome, quelque effort qu'aient fait les Romains pour persuader aux Gaulois que leurs dieux ne différaient pas réellement de ceux de Rome. Cette politique romaine a, du reste, servi la science ; car elle a poussé les Gaulois à nous donner des images de leurs dieux que les anciens druides ne confiaient pas ainsi au ciseau ; ce qu'on chantait auparavant dans les poëmes sacrés, on ne l'a sculpté que sous les Romains. Il n'y a guère d'exception que sur les médailles où apparaissent Bélénos et Teutatès-Oguiros.

La Triade gauloise se montre sous deux formes principales : tantôt trois têtes réunies en une seule ; tantôt trois figures distinctes et associées, auxquelles se joint quelquefois une quatrième ; les personnages divers paraissent tantôt égaux, tantôt inégaux ; ainsi le grand dieu de Reims, que M. Bertrand et M. Henri Martin croient être Esus, est assis, avec ses attributs celtiques, entre Apollon et Mercure debout, qui semblent ses lieutenants : ailleurs, une grande déesse, appelée Œrecura, une sorte de Cybèle-Cérès, est associée au grand dieu, à ce qu'il semble, sur le pied de l'égalité, et une déesse plus petite semble leur fille et jouer là le rôle d'Horus dans la Trinité égyptienne. Sur un autre autel, un dieu à trois têtes siége entre deux autres divinités : la Triade est ici, pour ainsi dire, redoublée. MM. Bertrand et Henri Martin sont aussi d'accord dans cette opinion : que les trois principales divinités gauloises signalées par Lucain, Esus, Taranis et Teutatès, rentrent l'une dans l'autre par leurs attributs et se résolvent dans une unité dont Esus est le type essentiel : les Romains, frappés de la supériorité d'Esus, l'identifiaient à Jupiter, comme l'atteste l'autel de Paris. Sur l'autel de Paris, Esus célèbre en personne le grand rite, la cueillette du gui ; sur l'autel de Reims il apparaît comme père nourricier des êtres ; la déesse Œrecura paraît être son *parèdro* féminin, ce qu'est Isis à Osiris.

Ces représentations fournissent un élément important et nouveau à la mythologie comparée et à l'étude des idées qu'enveloppaient les mythes ; il n'est pas douteux qu'on n'en retrouve de nouvelles maintenant que les recherches se dirigent de ce côté. M. Henri Martin engage les savants de la péninsule Ibérique à s'enquérir s'il se rencontrerait quelque chose d'analogue en Espagne et en Portugal.

M. Emile GUIMET, avec sa parfaite connaissance des religions orientales, insiste sur l'intérêt des monuments signalés par M. Henri Martin. Il donne un aperçu rapide des transformations subies par le symbolisme de la Trinité dans l'Inde brahmanique. Le dieu tricéphale y succède au groupe des trois dieux.

M. F. MARTINS SARMENTO : **Les Lusitaniens, question d'ethnologie.** — Tout ce que nous connaissons des Celtes et de l'invasion celtique en Espagne nous montre cette partie de la péninsule tout-à-fait étrangère à l'occupation et à l'influence celtique. Tout ce que les anciens nous racontent des usages et des mœurs des Lusitaniens, n'a aucun rapport avec les usages et les mœurs des Celtes et rappelle plutôt ceux d'autres peuples bien différents. Diodore nous dit non-seulement que les Lusitaniens étaient Ibères, mais encore que leur caractère était entièrement opposé à celui des Celtibères, ce qui veut dire qu'ils n'avaient aucun mélange de sang des Celtes. Néanmoins, leurs noms ethniques et locaux, les noms même des individus, des Dieux, qui nous ont été transmis par les historiens et par les géographes, ainsi que ceux que les monuments épigraphiques nous ont conservés, ont pour la plupart une physionomie celtique si prononcée, qu'une certaine partie de la Lusitanie, la Galice, a été appelée le berceau des Celtes.

M. Sarmento a voulu étudier les termes de cette contradiction et appeler sur elle l'attention des savants. Il l'a fait dans un grand et laborieux travail rempli de faits et de textes et bien difficile à analyser. Pour lui les Lusitaniens, de même que les Albiens, les Æstrymnides, les Hiberniens, les Campses, les Cynètes et les Tarténiens, c'est-à-dire les peuples de l'ouest et du sud-ouest de l'Espagne, sont autant de rameaux de la vieille migration aryenne dont on ne saurait contester l'affinité de mœurs et de langage avec les Ligures, les Secboi (?), les Graici, etc. Les légendes grecques comparées à celles des Iles Britanniques, nous indiquent la route qu'ont suivie ces émigrants dans leur marche du sud-est vers le nord-ouest de l'Europe. L'archéologie nous démontre qu'ils se sont répandus jusqu'au nord-ouest de l'Espagne où l'histoire a recueilli quelques-unes de leurs curieuses traditions. M. Sarmento rappelle la préférence donnée par le peuple des dolmens au littoral et l'occupation des terres situées à l'intérieur en remontant le cours des fleuves, distribution qui suppose un peuple navigateur. Ce fait est en rapport avec ce que les historiens nous disent des audaces maritimes des populations dont il s'agit. M. Sarmento esquisse l'histoire de ces Lusitaniens, formés d'un groupe de tribus, dont les caractères ont persisté en dépit de toutes les révolutions, et qui occupaient un vaste territoire encore agrandi lorsque l'invasion celtique en Angleterre força d'autres gens de même race à se réfugier en Espagne en suivant la route maritime.

M. PAUL BATAILLARD : **Les gitanos d'Espagne et les citanos de Portugal**, *à propos de l'importation des métaux en Europe par les tsiganes*. — L'auteur rappelle les travaux publiés sur les tsiganes et les résultats de ses propres recherches poursuivies depuis trente-cinq ans. Il rattache les tsiganes aux sigynes qu'Hérodote signale sur le Danube, aux sinties qu'Homère place dans l'île de Lemnos, et finalement aux peuplades Cabiriques que l'antiquité grecque a connues en Asie Mineure, dans les îles de la Méditerranée orientale et dans la péninsule des Balkans. Cette race encore adonnée au travail des métaux paraît être celle de ces artisans nomades qui, d'après les archéologues, auraient importé le bronze en Europe.

M. Bataillard passe en revue les documents connus sur les ciganos ou gitanos de l'Espagne : ils sont peu nombreux, du moins à sa connaissance. Il ne connaît aucun renseignement publié en Portugal, et voudrait être éclairé à cet égard par les savants de ce pays.

L'apparition et les commencements des gitanos dans la Péninsule, le chemin qu'ils ont suivi pour y pénétrer (sans doute celui du littoral africain), les cérémonies du mariage et surtout le fait de la défloration des vierges par les matrones, les noms donnés par les gitanos au gens étrangers à leur race, leur propre nom, tout cela appelle l'attention des savants espagnols et portugais. C'est à eux d'établir la *statistique ethnographique,* tous les détails extérieurs de la vie des gitanos, et d'étudier surtout leurs industries, leur vie intime, leurs traditions, leurs coutumes, leurs superstitions, leur dialecte.

M. Possidonio da Silva distribue au Congrès une grande planche lithographiée où se trouvent figurées une douzaine de **haches en bronze**, dont la moitié trouvées en Portugal, dans les provinces du Minho ou de l'Estramadure, de l'Alemtejo ou de Beira Alta ; il expose ses idées sur la filiation des types.

M. Hildebrandt : L'expérience faite dans les autres pays de l'Europe démontre qu'il y a un développement des types. Ainsi, au commencement de la série des haches, il faut mettre un type plat et simple comme celui de l'Alemtejo. On a donné à ce type des rebords qui sont devenus de plus en plus agrandis. Guidé par l'expérience, on a développé encore d'autres parties de la hache jusqu'à ce que l'on soit arrivé au type du Minho. Il y a eu des types intermédiaires qui rattachent aux haches de ce type, celles qui ont un trou d'emmanchure. Il est donc très-intéressant de voir ici des haches appartenant à trois degrés différents du développement. Les deux derniers supposent nécessairement d'autres types moins développés qui nous manquent encore et que les archéologues portugais et espagnols nous montreront s'ils continuent leurs fouilles dans une péninsule où l'âge du bronze n'a pas fait défaut.

M. Ernest Chantre rappelle qu'il a déjà fait remarquer les rap ports qui existent entre les types des régions méditerranéennes de l'Espagne et du midi de la France. Il résulte des recherches de M. E. Cartailhac, que dans cette dernière contrée, où les haches plates abondent, on a trouvé une dizaine d'exemplaires à deux anneaux. M. Evans a signalé cette forme en Cornouailles. On sait qu'elle se retrouve dans le nord de l'Asie. M. Chantre l'a rencontrée dans le Caucase.

M. Vilanova parle dans des termes très-vagues de l'âge du bronze en Espagne et de l'**âge du cuivre** qui l'a précédé. Le cuivre est indigène dans la péninsule Ibérique, et c'est en cuivre que sont faites les haches les plus anciennes, c'est-à-dire, celles qui sont copiées sur les haches en pierre et leur succèdent. L'analyse faite à Madrid vient d'être confirmée par une autre faite à l'Institut Polytechnique de Lisbonne. Une hache de Portugal s'est également trouvé être en cuivre pur. Un âge du cuivre est certain en Espagne.

M. Chantre n'a pas de raisons pour refuser à *priori* un âge du cuivre à l'Espagne, il serait tout disposé à l'admettre si le fait était démontré scientifiquement.

M. Vilanova établit son âge du cuivre sur la découverte de quelques haches plates ou à rebords droits, qu'il annonce être en cuivre. Mais d'abord a-t-on analysé le métal dont sont faites ces haches, et a-t-on la certitude qu'elles sont en cuivre pur ?

M. Chantre a beaucoup étudié cette question en France et dans toutes les autres parties de l'Europe, dont il a visité presque toutes les collections, et il se croit en droit de faire des réserves lorsque l'on parle d'objets en cuivre affectant les formes de l'âge du bronze.

La plupart, en effet, des objets de ce genre présentés comme étant en cuivre sont en bronze, ainsi que l'ont démontré les analyses.

Dans presque tous les pays on a voulu voir dans la découverte de la métallurgie un produit du développement local de l'industrie, une invention indigène. Comme la découverte du bronze par les hommes de l'époque néolithique paraissait invraisemblable, on a voulu avoir dans chaque pays un âge du cuivre faisant transition entre l'âge de la pierre et l'âge du bronze. On a été d'autant plus porté vers ces théories que la région était plus riche en mines de cuivre. C'est ce qui est arrivé en Hongrie : or, dans ce pays, qui a fourni le plus d'objets en cuivre, l'existence d'un âge du cuivre n'est pas encore un fait acquis. Telle a été la marche de la question. Il était naturel de voir surgir cette même théorie en Espagne et en Portugal, mais ici comme sur les bords du Danube, au nord et au centre de l'Europe, ce sont les analyses qui devront aider surtout à la solution du problème.

Partout en Europe il paraît démontré que la métallurgie a commencé par le bronze, et que sa connaissance en Occident est le fait d'importations orientales effectuées pendant l'époque néolithique. Partout, en effet, où il a été découvert de ces objets métalliques de formes plus ou moins primitives associés à des objets en pierre, il a été démontré qu'ils sont en bronze.

Des découvertes du même genre ont été faites en Espagne et en Portugal, et il n'est pas douteux que l'observation viendra prouver, dans un avenir prochain, que la péninsule Ibérique n'est pas restée en dehors du mouvement général de la civilisation dans ces temps reculés.

M. Vilanova persiste; il dit que des analyses ont été faites sur une de ces haches et qu'il en tient les résultats à la disposition des membres du Congrès.

M. Chantre répond qu'en présence d'un fait il n'a qu'à s'incliner, mais une analyse isolée ne permet pas d'établir l'existence d'un âge du cuivre.

Au reste, comment a été faite cette analyse ? Souvent c'est sur une petite parcelle de substance arrachée à l'une des extrémités de la hache, qui ne peut bien être qu'un peu de platine ou de carbonate de cuivre, que sont pris le plus souvent les échantillons. Alors il est naturel que l'analyse montre du cuivre pur. Pour lui, une analyse doit être faite sur un fragment de métal pris au centre de la pièce, là où il n'y a pas d'oxydation, et où l'on est certain dès lors d'avoir du métal pur ou un alliage normal.

M. Rodrigues, professeur de chimie à l'Ecole Polytechnique, exprime quelques doutes sur la valeur qu'on prétend tirer de l'analyse minutieuse des petites pièces, le mélange des métaux ne s'y trouve pas partout égal. L'étain, en faible proportion, ne modifie pas les qualités du cuivre et a pu être introduit par hasard.

M. G. DE MORTILLET dit que les haches plates qui sont souvent en cuivre, il faut l'avouer, paraissent bien plus récentes que les haches de bronze affectant d'autres formes (1). Il ne peut donc accepter l'hypothèse de M. Vilanova.

M. VILANOVA s'étonne qu'on fasse une telle opposition à l'âge du cuivre succédant à l'âge de la pierre.

Il saisit l'occasion qui se présente pour inviter les membres du Congrès à visiter avec lui les cavernes de Santillana, près Santander, dont les parois et le plafond offrent des gravures coloriées où l'on reconnaît l'aurochs. Cette découverte est due à don Marcelino de Santuola.

M. OLIVEIRA FEIJAO : **Sur un cas de microcéphalie en Portugal.** — Il s'agit d'une femme de Bemvinda, âgée de 34 ans, et qui fut après sa naissance reçue à l'hospice des enfants trouvés du village d'Abrantes en Portugal. Le prognatisme est accentué, la mâchoire inférieure est plus petite que la supérieure et l'arcade alvéolaire est en retrait de la supérieure de 0,02 ; le nez, long et saillant, proémine beaucoup sur la face dont le développement ne s'arrêta pas comme celui du crâne. Le cuir chevelu épais se laisse facilement rider.

Les actes de l'intelligence sont très-restreints chez cette microcéphale. Elle ne parle pas et prononce seulement quelquefois deux ou trois mots qu'elle entend prononcer souvent autour d'elle ; elle a un cri aigu. Elle se met facilement en colère, obéit volontiers à une des employées de l'hôpital. Les sens sont un peu émoussés, sauf peut-être celui de la vue. Elle se tient presque toujours assise sur le sol, les membres inférieurs fléchis et embrassés par les membres supérieurs.

(M. le Dr O. Feijao a eu l'heureuse pensée de présenter cette microcéphale au Congrès, qui put se rendre compte de tout l'intérêt qu'elle offre.)

(1) Classification et chronologie des haches en bronze, par M. Gabriel DE MORTILLET. *Matériaux* 1880.

M. Virchow dit que, pour lui, la microcéphalie est un phénomène pathologique pur et il n'accepte pas la théorie de son ami Carl Vogt. C'est là où l'ont conduit ses dernières recherches sur les rapports du cerveau des microcéphales et du cerveau des singes anthropoïdes. Dans l'individu présenté par M. Fijão, l'apparence extérieure de la tête le rapproche du singe, mais le crâne, au premier coup d'œil, est tout différent. M. Virchow expose minutieusement ces caractères différentiels. Chez les anthropoïdes, dans cette même région où intérieurement la fosse de Sylvius est placée, existe un prolongement de l'écaille temporale qui s'avance jusqu'à l'os frontal et qui sépare ainsi le pariétal de l'aile sphénoïdale. Chez l'homme, au contraire, l'aile sphénoïdale se joint par une suture au pariétal et un vaste interstice sépare le frontal et le temporal. Quelquefois le « processus frontalis » manque chez les anthropoïdes, tandis qu'il se trouve chez l'homme. Ainsi, ce n'est pas un caractère absolu, mais seulement un caractère proportionnel. En effet, il est presque absolu chez le gorille, il existe dans le plus grand nombre des chimpanzés, il fait défaut chez beaucoup d'orang-outangs et chez un plus grand nombre de gibbons.

Chez l'homme c'est l'inverse : la race aryenne donne le minimum de cas de processus frontalis (à peu près 2 0/0), les races noires soit australiennes, soit africaines, le maximum (20 et 25 0/0). Ainsi l'on pourrait dire que les races les plus inférieures sont les plus pithécoïdes.

M. Virchow présente, à l'appui de cette théorie, des crânes qu'il a empruntés au cabinet de l'Ecole Polytechnique. Il montre en particulier un crâne de microcéphale adulte qui n'a pas de trace d'un processus frontal et dont la région temporale est bien développée comme chez l'homme sain. Il en est de même de tous les crânes microcéphales.

M. Virchow termine en parlant de l'évolution du crâne de gorille dans la jeunesse, et il en tire d'autres arguments contre la théorie qui attribue à l'atavisme la microcéphalie.

M. Chantre : Monographie des anciens glaciers du bassin du Rhône. — M. Arcelin : L'ancienneté de l'homme dans le bassin moyen du Rhône et la vallée inférieure de la Saône. — M. de Quatrefages : Importance des découvertes récentes dans la Lozère — M de Baye : Les traits caractéristiques de l'époque néolithique en Champagne — Les indices de la transition de la pierre polie à l'époque du bronze — Les instruments en pierre à l'époque des métaux. — M Bellucci : Du culte de la pierre — M. G. Milles-camps : Les silex taillés et emmanchés de l'époque mérovingienne. — M. Magitot : Essai sur les mutilations ethniques.

M. E. CHANTRE : **Monographie des anciens glaciers du bassin du Rhône.** — Cet ouvrage considérable que M. Chantre vient de publier en collaboration avec M. Falsan, se compose de six feuilles de l'état-major à l'échelle de $\frac{1}{80,000}$ et de deux volumes de texte dans lesquels se trouvent de nombreuses figures et de nombreuses coupes géologiques.

Après avoir exposé tout l'intérêt qui s'attache à l'étude des anciens glaciers quaternaires, pour les recherches relatives à l'antiquité de l'homme, M. Chantre a fait l'historique de la question glaciaire si longtemps discutée.

Retraçant la distribution des dépôts erratiques dans les régions qu'il a étudiées avec M. Falsan, M. Chantre indique la marche qu'ont suivie ces grandes masses glacées qui se sont étendues depuis les Alpes jusqu'à Lyon.

Pour faire comprendre le sens de la progression des anciens courants de glace, pendant leur plus grande extension ainsi que leur entre-croisement, les teintes plates employées dans les cartes géologiques ordinaires ne devaient pas suffire, les auteurs ont adopté les procédés usités dans certaines cartes hydrographiques pour indiquer les courants marins.

C'est la représentation exacte et complète de ce qui existe sur le terrain, car on sait que les glaciers usent, polissent et rayent les rochers sur lesquels ils cheminent, entraînant avec eux des roches plus ou moins dures et capables d'inciser les rochers sous-jacents.

La marche des glaciers est donc ainsi indiquée par des lignes de diverses couleurs, suivant la provenance des roches constituant les moraines, et les directions sont rigoureusement exactes, puisque ces lignes sont tracées d'après les relevés nombreux des stries sur les rochers.

Des lignes transversales, coupant les lignes qui se prolongent de l'est à l'ouest en éventail, depuis le pied des Alpes jusqu'à Bourg, Lyon et Valence, indiquent les moraines frontales.

Les dernières moraines frontales couronnent les hauteurs qui dominent la Saône, en Bresse, en face de la Bourgogne, et couvrent les collines lyonnaises et viennoises plus au sud sur le bord du Rhône.

Plusieurs coupes montrent les détails relatifs à la superposition des dépôts quaternaires aux terrains tertiaires, qu'ils recouvrent presque partout dans cette région.

Au point de vue anthropologique, l'étude de la distribution des moraines a une très-grande importance.

L'homme, arrivé dans le bassin du Rhône pendant l'extension des glaciers, ne pouvait vivre d'abord que sur les points privilégiés par la température, comme les pentes abritées de la vallée de la Saône, par exemple; puis, à mesure que la nappe de glace se retirait vers son point de départ, il suivit à peu près la même marche vers l'est, s'avançant peu à peu à mesure que la vie reparaissait sur ce sol nouvellement déposé.

C'est ainsi que successivement les grottes du Dauphiné et de la Savoie ont donné asile à des populations de moins en moins anciennes, à mesure que l'on s'approche des Alpes. En effet, tandis que l'on trouve à Germolles et à Solutré, en Bourgogne, ainsi que dans les grottes de l'Ardèche, les vestiges les plus anciens de l'homme quaternaire, on ne rencontre plus dans les grottes du Dauphiné et de la Savoie, que les restes des populations de l'époque de la Magdeleine, c'est-à-dire de la fin de l'époque quaternaire. Ces faits démontrent bien les corrélations qui existent entre le développement des populations préhistoriques du bassin du Rhône et la répartition des éléments glaciaires qui ont recouvert si longtemps la plus grande partie de cette belle contrée.

Ce fait anthropologique est confirmé par l'étude de la distribution géographique de la faune quaternaire. C'est également dans la région que les glaciers ont atteint, au moment de leur plus grand développement, que se trouvent les vestiges les plus anciens de la faune quaternaire ; dans les parties voisines des Alpes, on ne rencontre plus, au contraire, que des restes d'animaux indiquant la fin de cette grande période géologique qui a immédiatement précédé la nôtre.

Les collections du Muséum de Lyon, dont les séries paléontologiques sont fort riches, démontrent, par leur classement même, la réalité de ces faits scientifiquement observés.

M. Chantre espère que de semblables études pourront être faites en Portugal et en Espagne, où il a observé des traces incontestables de glaciers quaternaires. En Portugal, la faune quaternaire paraît offrir un très-grand intérêt, et il serait bien utile de rechercher les rapports qui peuvent exister entre elle et les dépôts quaternaires du pays, comparés à ceux des autres contrées.

M. Adrien Arcelin : **L'ancienneté de l'homme dans le bassin moyen du Rhône et la vallée inférieure de la Saône.** — La faune de toutes les stations paléolithiques est analogue à celle du lehm, elle en est la continuation, mais on n'y trouve ; ni l'*Elephas antiquus*, ni l'*E. intermedius*, ni le *Rhinoceros Jordani*. N'est-on pas en droit de penser que l'homme, dans la vallée de la Saône et le bassin du Rhône, n'est venu qu'après l'extinction de ces trois espèces et qu'il y est par conséquent postérieur à la formation du lehm et à l'époque glaciaire ?

Des considérations géologiques et stratigraphiques conduisent au même résultat. L'époque géologique des alluvions préglaciaires et du terrain erratique glaciaire correspond à une période de remplissage. Nos stations archéologiques les plus anciennes sont au contraire postérieures à la dernière phase du creusement des vallées. Un intervalle considérable a donc dû s'écouler entre la première période et la seconde.

Quand l'homme quaternaire vint pour la première fois s'établir sur les rivages du Rhône et de la Saône, les plaines occupées jadis par le lac Bressan étaient à sec depuis longtemps et les glaciers en retraite avaient probablement disparu eux-mêmes derrière les sommets du Jura.

M. de Quatrefages : **Note sur les dernières découvertes effectuées dans la Lozère.** — Quelques jours avant mon départ de Paris, je reçus de M. le Dr Prunières une note relative aux découvertes remarquables qu'il venait de faire dans la contrée qu'il explore avec tant d'habileté. Cette note, destinée au Congrès de Reims, a été présentée, par M. Magitot, à la section d'anthropologie de l'Association française ; mais les faits annoncés par M. Prunières me semblent avoir trop d'intérêt pour que je n'en dise pas quelques mots au Congrès.

On sait que cet infatigable chercheur avait déjà fait connaître la caverne de l'Homme-Mort, puis celle de Baumes-Chaudes. Le beau travail de notre regretté collègue Broca a montré la première habitée par les hommes dolichocéphales de Cro-Magnon, croisés avec les brachycéphales constructeurs de dolmens. La seconde a évidemment servi de refuge à des Cro-Magnons en lutte avec les constructeurs de dolmens. Ce fait est attesté par l'existence d'os dans lesquels sont enfoncées encore les pointes de flèches néolithiques qui ont tué les individus.

Maintenant M. Prunières annonce avoir découvert :

1° Une immense caverne avec ossements d'*Ursus spelœus* et des haches de Saint-Acheul. La présence de l'homme paléolithique est attestée là par ses œuvres, mais non par des restes de l'ouvrier.

2° Plusieurs cavernes sépulcrales d'où notre collègue a retiré une immense quantité d'ossements et des crânes très-nombreux. Plusieurs de ces ossements sont percés par les flèches néolithiques des hommes des dolmens. Tous les crânes sont des dolichocéphales purs.

3° Plusieurs dolmens, lesquels ont donné des crânes brachycéphales purs, mêlés à un certain nombre de dolichocéphales purs et à des crânes de métis. Le bronze commence à se montrer dans ces dolmens.

4° Les crânes extraits d'un vieux cimetière situé au centre du

Causse se sont montrés brachycéphales en grande majorité ; mais un certain nombre étaient encore dolichocéphales et d'autres accusaient le mélange des deux races.

Si nous embrassons par la pensée l'ensemble de ces découvertes, toutes dues à M. Prunières, nous voyons qu'elles racontent d'une manière complète l'histoire primitive de ces régions.

1° Au début, dès les temps paléolithiques de l'ours, les dolichocéphales sont seuls, et à en juger par ce que nous montrent les localités où l'on a trouvé des restes humains, ces premiers habitants appartenaient à la race de Cro-Magnon. On peut toutefois se demander, jusqu'à plus ample informé, si les hommes de Canstadt n'entraient pas pour quelque chose dans cette population.

2° Les brachycéphales constructeurs de dolmens sont arrivés à un moment donné, et la guerre a été d'abord la suite de ce contact. C'est ce qu'attestent ces nombreux squelettes de dolichocéphales purs, portant encore les pointes de flèche. Le même fait met hors de doute la coexistence des deux races, la survivance de celle de Cro-Magnon.

3° La guerre n'a pas amené l'extermination des dolichocéphales ; les deux races se sont unies, mais la race brachycéphale paraît avoir prévalu.

La fusion des races primitives qui ont habité le sol français se montre, de la manière la plus frappante, dans la magnifique collection ostéologique formée par notre collègue, M. le baron de Baye. J'ai eu déjà l'occasion de dire à la Société d'Anthropologie que j'y avais trouvé tous les types fossiles, moins celui de Canstadt, et peut-être un des deux types de Furfooz associés à un type spécial. A Baye, toutes ces races apparaissent comme vivant dans les meilleurs termes. Le temps des guerres est passé.

Dans la Lozère les phénomènes sont bien plus simples. Nous ne voyons que deux races en présence, mais nous suivons, pour ainsi dire, d'étape en étape l'histoire de chacune d'elles et de leurs rapports jusqu'à l'époque actuelle. Là est le très-grand intérêt des faits mis au jour par M. Prunières.

M. J. de Baye : **Les traits caractéritisques de l'époque néolithique tels qu'ils sont réunis dans les stations de la Champagne.**
— L'auteur rappelle l'intérêt multiple des gisements de la vallée du Petit-Morin, des grottes artificielles principalement, si riches en sépultures par inhumation, offrant un mobilier funéraire de choix, disposé avec soin. M. de Baye passe en revue les principaux types d'objets de ces gisements qu'il vient de décrire dans un beau volume.

M. de Baye : **Les indices de la transition de la pierre polie à l'âge du bronze.** — Après des considérations un peu générales, l'auteur dit qu'il a rencontré en Champagne, à Oyes, des grottes taillées dans la craie avec une perfection plus grande que les autres. Elles renfermaient des grains de collier d'une forme plus nette, aux arêtes vives, avec une perforation plus nette que dans les autres sépultures. Ce groupe de cryptes était isolé, et l'une d'elles a livré quelques grains de collier en bronze, et une seconde une perle en callaïs : encore un caractère de transition.

A 2 myriamètres de distance une sépulture a donné à l'auteur des fragments de poterie, deux petites flèches en silex, une lance à douille en bronze. Plus près encore de la Seine, c'est-à-dire dans une sépulture, il n'y avait que du bronze.

Joseph de Baye : **Les instruments en pierre à l'âge des métaux.**
— L'auteur rappelle un certain nombre de faits qui avaient été invoqués comme des preuves de la persistance de l'utilisation des métaux, et il résume les discussions dont ils ont été l'objet. Il se range à l'opinion des personnes qui interprètent ces faits d'une tout autre manière. Tantôt la présence des silex est accidentelle ; tantôt ils portent des traces d'oxyde de fer, preuve qu'ils ont séjourné à la surface du sol avant d'être enfouis. Dans une tombe franque, à Ferebrianges (Marne). M. de Baye a trouvé un silex taillé sis entre le squelette et le niveau du sol. Or, la terre de cette contrée récèle partout des instruments néolithiques ! Dans la nécropole franque d'Oyes, deux silex étaient réellement en contact avec le corps : ce sont deux briquets. Mais le briquet n'est pas même un écho fidèle

de l'industrie de la pierre ! Quant aux silex mieux travaillés rencontrés dans de semblables conditions, ils sont au nombre des preuves de ce fait que les silex ouvrés ont été dans le monde entier, *après l'âge de la pierre*, l'objet d'une grande attention et de croyances superstitieuses. On a voulu, en soutenant le contraire, ébranler le fait de l'ancienneté de l'homme. Le moyen est peu propre à atteindre le but désiré.

M. G. DE MORTILLET donne son approbation aux conclusions de M. de Baye, il regrette seulement que celui-ci ait oublié de citer le livre que M. Cartailhac a publié sur ce même sujet il y a trois ans, et dans lequel les faits rappelés par M. de Baye et bien d'autres sont méthodiquement discutés.

M. BELLUCCI : **Du culte de la pierre.** — Cet auteur fait passer sous les yeux de ses confrères une nombreuse série de cartons sur lesquels sont étalés une superbe collection d'amulettes modernes italiennes. Aucun musée ne peut en présenter une semblable. M. Bellucci fait remarquer la valeur d'un certain nombre de ces spécimens de la superstition de tous les temps, et l'on admire surtout les silex taillés qui sont quelquefois dans de véritables reliquaires.

M. MAGITOT note la présence d'une rondelle crânienne. C'est là un fait actuel fort intéressant, mis surtout à côté des faits de trépanation préhistorique.

M. Magitot donne lecture, au nom de M. Gustave MILLESCAMPS, absent, d'un Mémoire **sur les silex taillés et emmanchés de l'époque mérovingienne.** — Ce travail rappelle les trouvailles de silex taillés en Bourgogne, en Normandie et surtout à Caranda ; là vingt mille silex furent exhumés de 2,600 tombes pour la plupart mérovingiennes. La richesse en silex taillés des tombes franques de Sablonnière et d'Arcy Sainte-Restitue (Aisne) n'est pas moindre. Ces faits avaient attiré l'attention de M. l'abbé Hamard, d'Hermes (Oise), qui dans un cimetière mérovingien de cette localité trouva, avec un scramasax, un couteau, un anneau de fer, deux boucles de bronze, un petit vase, un grattoir en silex *qui a dû être emmanché*.

Dans un autre tombeau il s'est rencontré un silex parfaitement emmanché : la virole en fer l'entoure encore. Il y avait tout auprès, entre autres pièces, un objet en fer de 11 centimètres dans lequel je vois, dit l'auteur (1), un fragment d'escarcelle. M. Millescamps conclut en disant que les outils en silex, d'une pratique facile et peu coûteuse, aisément retaillés ou remplacés, avaient été fréquemment employés, concurremment avec le fer, chez certaines populations franques.

M. E. MAGITOT : **Essai sur les mutilations ethniques.** — L'auteur veut exposer brièvement quels sont les caractères essentiels des diverses mutilations ethniques et les différents points de leur répartition géographique dans l'état actuel de nos connaissances en ethnographie générale :

1° *Mutilations de la peau.* Elles se divisent en trois groupes : les fards et les peintures ; l'épilation ; le tatouage par piqûre, par incision simple, par ulcération ou brûlure, sous-épidermique, etc.

2° *Mutilations faciales,* des lèvres, du nez, des oreilles ;

3° *Mutilations céphaliques,* par déformation, par trépanation ;

4° *Mutilations du tronc et des membres ;*

5° *Mutilations dentaires,* par fracture, par arrachement, par limage, par incrustation, par prognatisme artificiel ;

6° *Mutilations des organes génitaux :* Chez l'homme, par circoncision, par infibulation, par l'eunuchisme, par la castration volontaire, par certaines pratiques diverses — Chez la femme, par amputation des mamelons, par amputation totale des seins, par amputation des grandes lèvres et du clitoris.

La pratique des mutilations ethniques paraît soumise, dans la série des temps et sur les parties diverses du globe, à certaines lois générales. Ainsi, le plus grand nombre d'entre elles, après être nées de l'initiative d'un peuple ou d'une tribu, se sont ultérieurement

---

(1) L'auteur ne se trompe-t-il pas ? Ce fragment de fer n'est-il pas tout simplement un briquet ? Qu'il relise le compte-rendu des fouilles par M l'abbé Cochet !

Voir aussi mon ouvrage : *L'âge de la pierre dans les souvenirs et les superstitions populaires.* Paris, Reinwald, 1878.

propagées par voie de migration ou de conquête, soit que le peuple lui-même se substituant à un autre ait gardé ses pratiques particulières, soit qu'il les ait imposées aux vaincus. Telle est, en particulier, l'habitude de déformer le crâne qui paraît s'être répandue en Europe et en France par l'envahissement d'un peuple particulier, les Cimmériens microcéphales.

D'autre part, on observe que certains groupes de populations séparées par de grands espaces marins ou terrestres, et qui n'ont eu à aucune période de l'histoire de relations entre elles, s'infligent la même mutilation. Telle est, par exemple, cette pratique de l'amputation d'une phalange qui s'observe à la fois sur la côte occidentale de l'Afrique et au Paraguay. Tel est encore un certain mode de déformation céphalique qui se retrouve à la fois en Europe et chez les Patagons.

Deux explications se présentent : d'une part la théorie de la similitude des instincts humains, d'autre part l'hypothèse de la fonction aux premiers temps quaternaires ou tertiaires de continents aujourd'hui séparés.

Certains observateurs, parmi lesquels il faut citer Broca, se sont, comme on sait, prononcés formellement pour cette dernière supposition.

Une autre loi a pour caractère que la pratique des mutilations est en raison inverse de l'état de civilisation. En Europe, par exemple, elles sont presque entièrement abandonnées et celles que l'on mentionne appartiennent aux premiers temps de notre histoire ou aux âges préhistoriques. Au contraire, les peuplades sauvages et primitives des continents africains de l'Amérique et de la Polynésie constituent les centres actuels de la plupart des mutilations.

Enfin, il est une dernière loi générale fort importante à préciser dans la question : c'est, dit M. Magitot, la non hérédité des mutilations volontaires.

Après ces considérations générales, l'auteur entre dans le détail de chacune des subdivisions qu'il a tracées, et son travail, déjà long et minutieux, n'est que le programme d'un ouvrage complet sur ce sujet intéressant.

MM. Bellucci et Capellini : L'homme tertiaire en Italie. — M. Chantre : L'âge du bronze en Italie. — M. Pigorini : Ossements humains et silex peints en rouge dans une sépulture découverte à Gambaloni, près Vérone des sépultures du peuple des terramares. — M. Chantre : Les nécropoles, du premier âge du fer du Caucase — M. Ad. Coelho : Sur les relations prétendues des macrocéphales avec les Cimbres. — M. Römer : Les tumulus de Nagy Falu, Hongrie. — M Zawisza : Objets en ivoire de la caverne du Mammouth. — M. Antonovich : Les tumuli de la vallée du Borysthène. — M. Pawinski : Sur des cimetières de l'âge du fer en Pologne. — M. Oppert : Sur la chronologie préhistorique. — Sur l'ambre jaune dans la haute antiquité asiatique. — M. Mesnier : Les formations géologiques de la Cordillère des Andes et l'homme américain.

M. Bellucci : **L'homme tertiaire en Italie.** — Il désire prendre note de la trouvaille faite récemment à *S. Valentino* et *Castello delle Zorme*, près de Pérouse (Italie), d'ossements de différents animaux qui portent des incisions droites et entrecoupées, des empreintes faites probablement avec des cailloux en vue de les casser, de deux échantillons d'ossements carbonisés, et enfin de silex éclatés ; tout cela recueilli dans les dépôts argileux du pliocène lacustre, caractérisé par une faune tout-à-fait correspondante à celle classique du *Val d'Arno*. Ces objets donnent la preuve de l'existence de l'homme à l'époque tertiaire dans l'Ombrie, sur lequel argument l'auteur reviendra dans un prochain mémoire.

On s'explique difficilement que M. Bellucci, en possession de faits aussi notables, n'ait pas jugé à propos de les exposer au Congrès en détail et avec toutes les observations nécessaires.

M. Capellini, depuis plusieurs années, entretient le public scientifique de sa découverte d'ossements de balénoptères de la province de Bologne et au-delà, portant des entailles qui, par leur forme et la place à laquelle elles se trouvent, témoignent de l'action d'un être qui maniait un instrument. Ces ossements sont pliocènes et d'un terrain égal au Crag gris des environs d'Anvers. Ces entailles ne pourraient être attribuables qu'à l'homme. Celui-ci se serait emparé de l'animal échoué dans des eaux peu profondes et, au moyen de couteaux en silex ou à l'aide d'autres instruments, aurait essayé d'en détacher des morceaux. A Buda-Pest, à Clermont, à Paris, M. le professeur Capellini apporta de nouvelles pièces qui l'aidaient à répondre aux objections soulevées par son hypothèse. Cette fois il présente une omoplate de *balænotus* avec des incisions très-nettes, profondes, quelquefois circulaires; cette dernière particularité permet à M. Capellini de dire que seule la main de l'homme, armée d'un outil tranchant, a pu laisser de telles traces.

Au cours de la discussion sur l'homme tertiaire M. R. Virchow déclare que la pièce présentée par M. Capellini lui a produit une très-bonne impression. Il est en effet probable, dit-il, que l'homme est l'auteur des entailles.

M. A. de Quatrefages partage la même opinion, comme on l'a vu plus haut (page 45); plus affirmatif que le savant allemand, il croit à l'homme tertiaire de la Toscane.

M. Chantre : **L'Age du bronze en Italie.** — L'auteur appelle l'attention du Congrès non pas sur l'existence de cette première époque des métaux actuellement indiscutable dans cette partie de l'Europe, mais sur les caractères avec lesquels elle s'y est répandue et développée. Après avoir fait un rapide exposé des principales découvertes appartenant vraiment à l'âge du bronze et montré leur répartition sur une grande carte, il insiste sur la distribution géographique des types caractérisant les diverses phases du développement de cette civilisation en Italie.

Appuyant ses démonstrations par un grand nombre de dessins, M. Chantre fait remarquer que c'est surtout dans la région méditerranéenne que se trouvent le plus fréquemment, de même que cela a lieu pour la France, la plus grande partie des types primitifs, spéciaux aux îles de la Méditerranée, à la Grèce, à l'Asie Mineure, et si caractéristiques de l'époque de transition entre l'âge de la pierre et celui du bronze.

Les types au contraire que l'on observe dans la plupart des terramares et dans les palafittes du lac de Garde, comme dans quelques stations françaises ou suisses, dans lesquelles la civilisation du bronze a atteint son maximum de développement, appartiennent à l'époque de transition entre l'âge du bronze et l'âge du fer. Ils deviennent de plus en plus fréquents dans les découvertes des régions danubiennes, lesquelles sont incontestablement postérieures, pour une partie au moins, à celles des régions méditerranéennes.

On trouve, au reste, un grand nombre de ces types associés à des objets caractéristiques du premier âge du fer, comme, par exemple, dans la fonderie de San Francesco à Bologne, et à Piediluco près Terni.

Les types primitifs forment donc le groupe méditerranéen, qui recouvre en Italie toute la partie méridionale de la Péninsule, la Toscane et le revers sud des Apennins, et le Piémont. Les types secondaires, constituant le groupe danubien, s'observent au contraire sur une partie des côtes de l'Adriatique et jusques auprès de Rome, puis dans toute la région des terramares ; la liaison se fait au nord par le lac de Garde et le Tyrol.

Les types primitifs, tels que les haches plates à rebords droits et les petits poignards à rivet, caractéristiques du groupe méditerranéen, se rencontrent assurément en dehors des limites que l'auteur indique sur sa carte des provinces de l'âge du bronze en Europe ; mais alors ils s'y trouvent en petit nombre et mêlés aux types secondaires danubiens dans des conditions qui permettent d'entrevoir souvent leur antériorité. Mais ces formes danubiennes, représentées surtout par les haches à ailerons élevés ou à douille, le rasoir, la spirale, etc., sont beaucoup plus rares. Il est bon d'insister aussi sur ce fait que la plupart de ces types se rencontrent associés à des objets caractéristiques du premier âge du fer en Italie et même du Caucase, tels que les fibules arquées, les représentations animales et les ornements en spirales.

De la présence de ces dernières représentations pourrait-on conclure que c'est vers le Caucase qu'il faut chercher la principale voie par où est arrivée chez nous la métallurgie primitive ? Evidemment non, et ceux même qui, bien que combattant l'existence de l'âge du bronze dans l'Europe centrale et méridionale, ont soutenu cette théorie, basée qui n'est du reste sur aucun fait, seront obligés d'y renoncer.

Tout récemment, en effet, j'ai eu l'occasion d'étudier en Russie les rares objets de bronze découverts au Caucase et pouvant se rapporter à la première époque de la métallurgie, et je puis affirmer qu'aucun ne présente le moindre rapport avec nos formes occidentales.

S'il a existé des relations apparentes entre le Caucase et les régions méridionales de l'Europe pendant les temps préhistoriques, ce n'est donc pas à l'âge du bronze, mais bien à l'âge du fer, c'est-à-dire à l'époque où s'est développée cette civilisation remarquable qui a laissé les nécropoles de Villanova, d'Este, etc.

L. Pigorini : **Les tombeaux des populations des terramares.** — M. Pigorini présente les dessins des objets tirés des tombeaux découverts par M. le professeur G. Pellegrini à Gambaloni, près de Povegliano Veronese, province de Vérone.

Les objets mêmes sont de formes et matières bien différentes. Il y a des épées à soie plate, des couteaux, des poignards et des épingles à cheveux en bronze ; des grains en ambre ; une scie et quelques éclats en silex. — Les tombeaux dans lesquels gisait le mobilier funéraire, consistaient en fosses simplement creusées dans le gravier, couvertes par le gravier même.

Les armes et les ornements en bronze, présentés par M. Pigorini, sont les mêmes qu'on rencontre en Italie dans les terramares de l'Emilie et dans les habitations lacustres du lac de Garde, et ils remontent, par conséquent, à l'âge du bronze de l'Italie septentrionale.

La découverte faite par M. le professeur Pellegrini est de la plus haute importance :

1º Elle nous révèle de véritables tombeaux d'un peuple qui paraît être celui des terramares et des habitations lacustres susdites, tombeaux vainement recherchés jusqu'ici ;

2º L'association des objets en ambre et des silex à ceux de bronze, qu'on a constatée dans la nécropole susdite, confirme les conclusions tirées des études sur les terramares, c'est-à-dire que dans l'Italie septentrionale, pendant l'âge du bronze, on connaissait déjà l'ambre, et on continuait encore à fabriquer quelque peu des instruments en silex.

Dans les terramares de l'Émilie, ainsi que dans les tombeaux dont a parlé M. Pigorini, on n'a rencontré ni la *fibule*, ni le *bracelet* en bronze, ni *aucune trace d'objets en fer*.

M. L. Pigorini : **Ossements humains et silex peints en rouge dans une sépulture.** — Une tombe de l'âge de la pierre, près de la station de Sgurgola, dans le territoire d'Anagni, a livré une portion faciale de crâne humain et deux pointes de flèche de silex colorées en rouge vif par du cinabre. Il faut éliminer tout doute quant à l'ancienneté de cette coloration, car elle se retrouve au-dessous de la croûte calcaire qui enveloppe aussi bien ces deux flèches que la plus grande partie des autres trouvées dans la même sépulture. La question est donc de savoir si ce dépôt de matière colorante est dû à une infiltration naturelle ou à la piété des parents et amis du mort.

La circonstance qu'il est limité aux trois objets déjà cités, qu'il recouvre également les deux faces des flèches et ne s'étend pas au sol environnant, ne permet pas d'accueillir la première hypothèse. La seconde reste donc jusqu'à présent la seule qui puisse donner l'explication des faits observés.

Pour élucider la question soulevée par les faits qu'il signale, le savant italien a recueilli les divers exemples, assez rares d'ailleurs, de coloration d'objets cités dans les travaux antérieurs relatifs à des sépultures préhistoriques (1), prouvant que les hommes de l'âge de la pierre avaient l'habitude de se colorer, de leur vivant, généralement en rouge, et de déposer dans la tombe de la matière colorante pour permettre sans doute au mort de s'en orner dans le monde des esprits. A côté de ces faits, il cite la coutume des Nouveaux-Zélandais de n'enterrer les squelettes de leurs morts qu'après que les os sont complètement dépouillés de leurs chairs et après les avoir ornés comme de leur vivant, et celles des Papous de peindre les crânes de leurs morts de diverses couleurs et plus particulièrement de rouge.

(1) On sait que divers squelettes des grottes de Menton sont comme saupoudrés de fer oligiste. Un fait analogue a été noté dans la grotte de l'Arene Candide, près Finalmarina.

M. E. Chantre : **Les nécropoles du premier âge du fer du Caucase renfermant des crânes macrocéphales.** — Il s'agit des premiers résultats des recherches anthropologiques que l'auteur a entreprises dans le Caucase pendant sa mission scientifique de 1879. Des nécropoles du premier âge du fer ont attiré tout spécialement son attention. Les unes sont situées en Ossethie, à Kazbek et à Koban ; les autres en Géorgie, à Mtskheth. Il en a été découvert également à Dilijane, à Marienfeld et à Sartatchalo dans les environs de Tiflis. On ne s'occupera ici que des nécropoles de l'Ossethie et de la Géorgie.

Les deux premiers groupes, c'est-à-dire ceux de Kazbek et de Koban, ont été fouillés par M. Felimonow en 1877.

Composés de dalles brutes, les tombeaux de ces nécropoles, dont on n'a malheureusement pas recueilli les ossements, renfermaient des séries importantes d'objets en bronze présentant des caractères étranges et en général spéciaux au Caucase. On remarque tout d'abord de nombreuses fibules à arc simple dont quelques-unes atteignent de grandes dimensions ; des perles de bronze et de verre ; des chaînettes, des appliques, des pendeloques en spirales et d'autres très-variées, représentant grossièrement des chevaux, des cervidés, des hommes et des femmes, puis quelques lames de poignards, etc. On a peu de renseignements sur les conditions dans lesquelles les mobiliers funéraires accompagnaient les sépultures de cette nécropole.

Tous ces objets, dont M. Chantre présente une grande série de dessins, sont conservés au Musée archéologique de Moscou et figuraient à l'Exposition anthropologique ouverte l'année dernière dans cette ville.

Le groupe de Géorgie, c'est-à-dire celui de Mtskheth, localité célèbre dans l'histoire du Caucase et situé à peu de distance de Tiflis, offre un bien plus grand intérêt que les précédents.

Cette nécropole, dont la découverte est due à M. Bayern, a déjà attiré l'attention depuis une dizaine d'années, à cause surtout des crânes macrocéphales que l'on y a trouvés.

Plus de six cents tombeaux ont été fouillés par M. Bayern de 1871 à 1876. Ce savant géologue et archéologue a reconnu dans cette nécropole, dont il n'a encore étudié qu'une partie, quatre types de constructions. La plupart de ces tombeaux sont faits de dalles brutes comme en Ossethie, un grand nombre affectent une forme presque cubique et ont été pris dans le principe pour des dolmens.

Vus surtout en coupe dans la tranchée de la route de Géorgie, dont l'ouverture a fait entrevoir l'importance de ces sépultures après en avoir détruit beaucoup, l'erreur était possible.

A côté de ces tombeaux s'en trouvent quelques-uns du même genre, mais de dimensions moindres et plus simples ; d'autres, enfin, sont faits en briques ou en grandes tuiles, ces derniers sont incontestablement bien postérieurs à ceux qui sont faits en dalles ; les mobiliers funéraires que l'on y trouve le démontrent au reste.

Dans la série la plus ancienne, celle qui doit fixer ici l'attention, l'inhumation paraît avoir exclusivement été usitée.

La plupart des tombeaux de Mtskheth ont donné des poteries variées, plats et vases divers, puis de très-nombreux ornements, spirales, pendeloques, bracelets, colliers, perles, fibules en fer et en bronze, enfin de loin en loin quelques flèches et poignards en bronze. Quelques-uns de ces objets, principalement les pendeloques à spirales, à représentations animales, et certaines fibules, sont identiques à ceux de Kasbek et de Koban.

Le nombre des individus inhumés dans le même tombeau est de deux ou trois dans ceux qui n'ont pas été remaniés.

Peu de squelettes ont pu être retirés complets et les crânes sont généralement en très-mauvais état, ceux qui paraissent les plus anciens sont généralement dolichocéphales; quant aux macrocéphales, ils ont été trouvés au milieu des autres dans la proportion de 20 0/0, de même que cela a eu lieu dans le tumulus de Corveissiat dans le Jura.

Les fouilles méthodiques de M. Bayern, et celles que M. Chantre a pu opérer pendant quelques jours, grâce aux renseignements obligeants de M. Smirnow, montrent que la plupart de ces tombeaux ont été violés anciennement. On remarque de plus que des mobiliers funéraires présentant des caractères divers, ont été déposés dans le même tombeau et à plusieurs époques, et que ces différents mobiliers funéraires se trouvent actuellement mélangés. Le plus grand désordre règne partout, et il est fort difficile de tirer des conclusions certaines relativement à l'origine de cette nécropole et aux populations qui l'ont construite.

De l'étude cependant de quelques rares sépultures observées en place, il résulte ce fait capital, à savoir que c'est dans les couches inférieures que se trouvent les crânes macrocéphales et que les mobiliers funéraires qui les accompagnent présentent les plus grands rapports avec ceux des nécropoles de l'Ossethie, lesquels ne renferment aucuns de ces objets d'une époque relativement bien plus moderne, comme cela a lieu dans plusieurs tombeaux de Mtskheth.

Les sépultures renfermant ces objets et offrant des caractères artistiques greco-phéniciens ou même romains, doivent donc être écartées de l'ensemble de la nécropole.

M. Chantre montre à l'appui de ces démonstrations un grand nombre de planches représentant des spécimens, des mobiliers funéraires et des crânes humains qu'il a pu recueillir ou qu'il a pu étudier dans le Musée de Tiflis, et dont il a rapporté de nombreuses photographies.

En étudiant les divers objets composant les mobiliers funéraires de ces nécropoles (il n'est question bien entendu que des plus anciens), il paraît ressortir qu'elles appartiennent dans leur ensemble au premier âge du fer et non à l'âge du bronze, comme on l'a dit autrefois.

En terminant, M. Chantre appelle l'attention sur les rapports qui semblent exister entre plusieurs objets qui se rencontrent également dans les nécropoles du Caucase et dans plusieurs stations analogues des régions du Danube, de l'Italie et de la France. Ces objets sont des fibules à arc simple, des pendeloques à spirales, puis des crânes macrocéphales.

Il se demande si ces rapports peuvent autoriser à rechercher au Caucase le point de départ de cette civilisation, caractérisée par les types ornementaux en question et cet usage de déformer les crânes d'une façon si curieuse.

Les nécropoles de Dilijane, de Marienfeld et de Sartatchalo, explorées, comme celle de Mtskheth, par M. Bayern, ont été à peine fouillées jusqu'à ce jour, on sait cependant que les tombeaux que l'on y a découverts sont du même genre que ceux de Mtskheth. Les mobiliers funéraires que l'on en a retirés présentent les plus grandes analogies avec ceux des autres groupes; on y trouve également des crânes macrocéphales.

Ces nécropoles méritent d'autant plus d'attirer l'attention, que les cas de remaniements et de mélanges n'y sont rencontrés qu'exceptionnellement.

M. Chantre n'a pas pu encore étudier ces dernières localités, mais il se dispose à repartir dans le Caucase et espère pouvoir y entreprendre de nouvelles fouilles, dont les résultats viendront sans doute confirmer ces premières observations ou du moins jeter un jour nouveau sur cette question si pleine d'intérêt.

M. Virchow : Les divers faits exposés par M. Chantre sont de la plus grande importance quant à la démonstration des relations entre l'Asie et l'Europe. Mais il me paraît que la formule qu'il propose pour la détermination chronologique de la macrocéphalie est trop exclusive. En Europe, on connaît des crânes vraiment macrocéphales des temps historiques ; je citerai particulièrement le cas décrit par M. Thurnam (crâne d'un tombeau anglo-saxon en Angleterre), et l'autre dessiné et décrit par M. Ecker (crâne d'un tombeau mérovingien de Niederolm (Hesse). En Asie, nous avons les macrocéphales de la Colchide, décrits si bien par Hippocrate, un écrivain qu'on ne placera pas dans la période du premier âge de fer. On trouve aussi fréquemment, sur le littoral de l'Asie Mineure, des petites figures en terre cuite qui imitent très-fidèlement les têtes macrocéphaliques et qui doivent être assimilées aux temps helléniques. On devra donc avouer que la mode de déformer les têtes dans le sens dit macrocéphalique était très-répandu dans le monde antique.

M. Chantre répond qu'il n'a pas entendu démontrer que tous les crânes macrocéphales appartiennent au premier âge du fer, comme paraît le croire M. Virchow. Il a insisté seulement sur ce fait important à noter, c'est que les macrocéphales du Jura ont été recueillis, ainsi que ceux de Géorgie, associés à des objets archéologiques reconnus comme caractéristiques du premier âge du fer. Il ne croit pas que l'on puisse se prononcer sur l'ancienneté des autres crânes macrocéphales qui ont été signalés dans les autres pays, car on ignore généralement dans quelles conditions ils ont été trouvés.

Il ne pense donc pas, par conséquent, que cette coutume de déformer les crânes n'appartient qu'à cette période qui a suivi l'âge du bronze; il est porté, au contraire, à considérer que cet usage a pu exister à plusieurs époques; il existe même actuellement encore dans certains pays, chez les Arméniens, par exemple.

M. Chantre connaît plusieurs habitants de Tiflis dont les crânes présentent la déformation macrocéphale d'une façon très-remarquable.

M. Antonovich a trouvé des crânes macrocéphales dans les défilés du haut Caucase avec des monnaies byzantines de l'empereur Anastase. Egalement au pied du Caucase il a rencontré six crânes macrocéphales dans des tumuli du xive siècle. D'un autre côté, il fait observer que l'âge du fer préhistorique dans le Caucase arrive jusqu'au moyen-âge de l'Europe.

M. E. Chantre répond que ces gisements ne peuvent être confondus avec celui de Samtavro. En outre, les microcéphales dont parle M. Antonovich n'ont pas du tout le type de ceux que M. Chantre a signalés.

M. Hildebrand relève d'abord l'importance excessive de la communication de M. Chantre. Il y a surtout un fait à noter : si M. Chantre avait pu nous montrer des objets provenant des cimetières caucasiens *analogues* à ceux de l'Europe méridionale, c'eut été fort important ; or, il a fait mieux : il présente des types *identiques*. Et cependant quelle grande distance entre le Caucase et l'Italie ! Le fait est inexplicable dans l'état actuel de la science. Il est nécessaire d'opérer de nouvelles recherches, des fouilles systématiques. Tous ceux qui s'intéressent au développement de nos études ne peuvent que désirer que M. Chantre soit mis en état de continuer ces investigations qui, dès leur début, ont donné de tels résultats.

M. F. Ad. Coelho : **Sur les relations prétendues des macrocéphales avec les Cimbres.** — En 1876, M. Lenhossek présenta au Congrès de Buda-Pest un des sept crânes macrocéphales qui ont été découverts sur le bord du Tisra en Hongrie. M. Broca ne voulut pas voir dans ce crâne un débris d'un tartare venu soit en 1241 (invasion des Tartares), soit en 1525 (armée turque) ; il le relia aux macrocéphales d'Hippocrate et à la déformation toulousaine et autres. La théorie que l'illustre Broca émit à ce sujet (voir *Matériaux*, 1880, p. 253), repose sur ces deux équations : les Cimbres sont des Cimmériens ; les Kymris, les Cimbres.

Or, la question des Cimbres est traitée à fond dans le livre de J. Grimm, *Histoire de la langue allemande*, et dans celui de Gaspar Zeuss, *les Allemands et leurs voisins*, ouvrages ignorés des anthropologistes.

M. Coelho entreprend de résumer la question si bien traitée par ces auteurs, et il se refuse absolument, si nous avons bien compris, à accepter les équations qu'admettait M. Broca. Pour lui, les Cimbres sont un peuple germanique qui n'a jamais pratiqué les déformation crânienne macrocéphalique. Ils n'ont aucun rapport avec les Cimmériens, gens sur lesquels on ne sait rien que des fables répétées depuis Homère et Hérodote.

Le rapport entre les Cimbres et les Kymris, d'autre part, est basé uniquement sur la ressemblance des noms. Cette malheureuse dénomination de Kymri doit être rayée pour toujours de l'ethnologie dans le sens qu'on lui donne généralement : elle ne peut que désigner les habitants du pays de Galles.

D'où viennent donc les crânes macrocéphales, les déformations crâniennes de l'Europe ? Tout ce que l'on peut supposer, c'est que ces divers cas doivent être attribués à divers peuples et remonter à des périodes fort différentes.

Au cours de sa savante discussion, M. Ad. Coelho a dit qu'on avait naguère encore, sur divers points du Portugal, l'usage de l'*Estopada*, de l'étoupage. On entourait la tête des nouveaux nés avec de l'étoupe mouillée avec du blanc d'œuf et on la pressait assez durement !

M. J. Vilanova assure qu'il y a en Espagne de semblables pratiques.

On l'engage vivement à étudier ces faits de déformation crânienne.

M. Pawinski présente, au nom des auteurs absents, une magnifique et vaste carte archéologique de la Prusse occidentale (ancienne province polonaise), et des parties contiguës du grand-duché de Posen. M. Godefroy Ossowski est le principal auteur des recherches que résume cette carte ; elle a été publiée par les soins et aux frais de M. Sigismond Dzialowski, président de la section archéologique et historique de la Société scientifique de Thorn. Ce travail, imprimé en polonais et en français, a été exécuté à Paris. Naturellement on a employé les signes de la légende internationale.

M. Pawinski donne en même temps de précieux renseignements sur les **cimetières de l'âge du fer**, avec et sans incinération, en Pologne.

M. Antonovich, qui a fouillé un grand nombre de gisements préhistoriques du Sud-Est de la Russie, signale le développement des études archéologiques dans cette région et fournit quelques détails sur l'exploration récemment terminée des **tumuli de la vallée du Borysthène**.

M. Oppert, dans une première communication, rappelle les principales opinions qui ont eu cours dans la science au sujet des **relations de l'Orient avec l'Occident préhistorique**, et les discussions auxquelles ont donné lieu l'origine du bronze, le commerce de l'ambre. Or, dans une inscription assyrienne de l'an 950 avant notre ère, le Roi raconte qu'il a fait des chasses merveilleuses, qu'il a recueilli tels ou tels objets, fait un musée, enfin qu'il a des caravanes qui vont pêcher, dans la mer que domine l'étoile polaire, le *safran qui attire*, c'est-à-dire évidemment de l'ambre. Voilà donc, historiquement établis, des rapports entre les bords de la Baltique et un grand empire asiatique au xe siècle ! La route suivie par ces caravanes est restée connue, et plus tard on la trouve jalonnée par des monnaies et des stations grecques.

M. Oppert, comme il l'avait fait au Congrès de Bruxelles, expose ses idées sur la **chronologie** préhistorique dans ses rapports avec celle de la Genèse. Par une série de calculs, sans doute très-habiles, certainement fort compliqués, il recherche, dans les évaluations qui avaient cours chez les Babyloniens, quelle quantité de siècles comprennent les *jours* de la cosmogonie hébraïque. Le savant professeur du Collége de France déclare cependant qu'au-delà de l'Exode il n'y a pas de véritable chronologie.

M. RÖMER donne quelques renseignements sur les fouilles qu'il fait exécuter dans les 45 grands **tumulus de Nagyfaltt** (comté de Szilagy). Ils sont de l'époque du fer et sont très-remarquables soit par leurs dimensions énormes, soit par l'intérêt de leur mobilier funéraire. M. Römer espère avoir terminé ses explorations assez tôt pour pouvoir en publier les résultats dans les comptes-rendus du Congrès de Lisbonne.

M. Jean ZAWISZA demande l'avis de l'assemblée sur les **pièces curieuses en dent de Mammouth** exposées à Paris en 1878. — La huitième pièce trouvée dans la caverne du Mammouth, et qu'il présente au Congrès, a prouvé par sa forme qu'elle n'a pu servir comme pointe de lance, ainsi que celles trouvées précédemment. Sa longueur était de 0,41 cent., épaisseur 0,005 mil., largeur 0,024 cent. M. Zawisza croit que ces pièces étaient probablement des signes de commandement ou des insignes de sorcellerie ou de culte religieux. Le bout du côté de la tête porte des entailles au milieu desquelles on aperçoit un petit œil.

M. Zawisza présente aussi des ossements de Mammouth travaillés, ce qui, d'après lui et d'après M. le professeur Schaafhausen, de Bonn, est une des meilleures preuves de la contemporanéité de l'homme avec cet animal, vu que l'os étant poreux et fragile par sa nature, doit avoir été travaillé à l'état frais, non comme la dent de Mammouth fossile qu'on emploie très-bien de nos jours.

M. G. MESNIER : **Les formations géologiques de la Cordillère des Andes et l'homme américain.** — L'auteur expose les modifications géologiques subies par l'Amérique, et les résultats des phénomènes volcaniques qui les ont produites ou accompagnées. Ce mémoire fort intéressant, écrit par le voyageur lui-même, n'a que des rapports éloignés avec l'anthropologie; mentionnons toutefois, d'après lui, la nécessité d'admettre l'existence d'un grand continent austral duquel auraient fait partie l'Afrique et l'Australie, berceau disparu des races humaines qui ont peuplé l'extrême Orient et l'Amérique.

TABLE DES MATIÈRES

Séance d'inauguration ; Discours de M. J. d'Andrade Corvo, président, et de M. Carlos Ribeiro, secrétaire-général. — Élections. Page 5.

Les excursions.

Les terrains et silex taillés tertiaires à Otta et Azambuja. — Les Kjoekenmoeddings de Mugem et du Cabeço d'Arruda. — Les cavernes de Cascaes et la montagne de Cintra. — Braga, la Citania de Briteiros, Porto, Coïmbre. 13.

Les collections de Lisbonne.

Section géologique. — Musée de l'Algarve. — Musée colonial. — Ecole polytechnique. — Musée des Carmes. 21.

Communications et lectures faites au Congrès.

Délibérations du Conseil. — Ouvrages offerts au Congrès. — M. Oswald Heer : Sur les plantes tertiaires du Portugal. — M. le comte de Ficalho : même sujet. — M. Carlos Ribeiro : L'homme tertiaire en Portugal. — Rapport de la Commission : discussion entre MM. de Mortillet, Evans, Capellini, Vilanova, Cartailhac, Bellucci, Cotteau, de Quatrefages, Delgado, Virchow. 27.

M. Schaafhausen : L'homme préhistorique. — M. Frédéric A. de Vasconcellos. Résumé d'une étude faite sur quelques dépôts superficiels du bassin du Douro. — M. N Delgado : Description de la grotte de Furninha à Péniche (quaternaire). — M. Carlos Ribeiro : Les Kjoekenmoeddings de la vallée du Tage. — M. N. Delgado : L'époque néolithique dans la grotte de Péniche. — M. Cartailhac : Les Européens de l'âge de la pierre n'étaient pas anthropophages; rapport d'une Commission.— M. P. Cazalis de Fondouce : Observations sur les sépultures néolithiques du Portugal. — M. De Paula e Oliveira : Les ossements humains de quelques gisements préhistoriques du Portugal. 46.

M. Jose Caldas : Etudes paléontologiques, anthropologiques et archéologiques de la province du Minho. —M. Consiglieri Pedroso : De quelques formes du mariage populaire en Portugal.— M. Cœlho : Les cultes des habitants de la péninsule Ibérique avant les Romains. — M. Henri Martin : De la triade gauloise. — M. Vilanova : De l'âge du cuivre en Espagne. — M. F. Sarmento : Les Lusitaniens, questions d'ethnologie. — M. Bataillard : Les gitanos d'Espagne et les citanos de Portugal. —— M. Oliveira Feijao : Sur un cas de microcéphalie en Portugal. — M. Virchow : Sur la microcéphalie. 62.

M. Chantre : Monographie des anciens glaciers du bassin du Rhône. — M. Arcelin : L'ancienneté de l'homme dans le bassin moyen du Rhône et la vallée inférieure de la Saône. — M. de Quatrefages : Importance des découvertes récentes dans la Lozère. — M. de Baye : Les traits caractéristiques de l'époque néolithique en Champagne. — Les indices de la transition de la pierre polie à l'époque du bronze. — Les instruments en pierre à l'époque des métaux. — M. Bellucci : Du culte de la pierre — M. G. Millescamps : Les silex taillés et emmanchés de l'époque mérovingienne. — M. Magitot : Essai sur les mutilations ethniques. 78.

MM. Bellucci et Capellini : L'homme tertiaire en Italie. — M. Chantre : L'âge du bronze en Italie. — M. Pigorini : Ossements humains et silex peints en rouge dans une sépulture découverte à Gambaloni, près Vérone des sépultures du peuple des terramares. — M. Chantre : Les nécropoles, du premier âge du fer du Caucase — M. Ad. Coelho : Sur les relations prétendues des macrocéphales avec les Cimbres. — M. Römer : Les tumulus de Nagy Falu, Hongrie. — M. Zawisza : Objets en ivoire de la caverne du Mammouth. — M. Antonovich : Les tumuli de la vallée du Borysthène. — M. Pawinski : Sur des cimetières de l'âge du fer en Pologne. — M. Oppert : Sur la chronologie préhistorique. — Sur l'ambre jaune dans la haute antiquité asiatique. — M. Mesnier : Les formations géologiques de la Cordillère des Andes et l'homme américain. 87.

www.ingramcontent.com/pod-product-compliance
Lightning Source LLC
Chambersburg PA
CBHW070533100426
42743CB00010B/2066